Malte Roeper

Auf Abwegen

In Erinnerung an Victor Radvils aus Sheffield,
der einige haarsträubende Unfälle am Berg überstand
und schließlich das seltene Glück hatte,
gemeinsam mit seinem Freund Mark Miller
in ein Flugzeug von Rawalpindi nach Kathmandu
zu steigen, dessen Absturz niemand überlebte.

# Malte Roeper

# Auf Abwegen

## Bergsteigen und andere Zwischenfälle

**BERGVERLAG RUDOLF ROTHER GMBH · MÜNCHEN**

Umschlagbild:
Im Elbsandstein – Sprung über die zwanzig Meter tiefe
Schlucht zwischen Wolfsfalle und Massiv.
Foto: Heinz Zak

Umschlaggestaltung:
Edwin Schmitt

Lektorat:
Robert Demmel, Barbara Hörmann, Anette Köhler,
Walter Theil und Klaus Wolfsperger

»Hohe Wände, leere Taschen« aus dem Erzählband »Kopf
in der Wand«, 13 Kletterstories bekannter Autoren
(Reinhard Karl, John Long, Kurt Albert u.a.),
© Panico Alpinverlag, Köngen

»Opera vertical« aus dem Erzählband »Poeten des
Abgrunds«, 13 Kletterstories bekannter Autoren
(Jim Bridwell, Heinz Mariacher, Nicholas Mailänder u.a.),
© Panico Alpinverlag, Köngen

Nachwort aus Jack London »König Alkohol«:
© by nymphenburger in der F.A.Herbig
Verlagsbuchhandlung GmbH, München

1. Auflage 1995
© Bergverlag Rudolf Rother GmbH, München
Alle Rechte vorbehalten

ISBN 3-7633-7038-2

Druck und Bindung: Rother Druck GmbH, München
(2436/51110)

# Eine Art Vorwort

*Lust auf Abenteuer heißt:*
*ein großes Ja zum Leben*
*und ein kleines Nein zur Gesellschaft.*

(Seeßlen, »Grundlagen des populären Films«)

Bergsteigen ist – ich muß Sie enttäuschen – eine Form des Freizeitverhaltens in der Industriegesellschaft, so ähnlich wie Gameboys, Schlankheitskuren oder die langen Samstage. Bergsteigen ist anstrengend und besitzt gleichzeitig einen gewissen Unterhaltungswert, ist dabei aber weder produktiv noch in irgendeiner Weise effizient: genau wie Gameboys, Schlankheitskuren und so fort. Die arbeitsteilige Gesellschaft produziert Freizeit, der Überfluß den Übermut. Das sind die Zutaten. »Die Leute sagen, daß wir alle nach einem Sinn des Lebens suchen. Ich glaube nicht, daß es das ist, was wir wirklich suchen. Ich glaube, was wir suchen, ist eine Erfahrung des Lebendigseins (...)«[1] Bergsteigen ist, wie die meisten schönen Dinge im Leben, eigentlich überflüssig ☺ Bergsteigen ist ... was weiß denn ich?

Malte Roeper

1 Campbell, Die Kraft der Mythen

# Inhalt

# Als Freeclimbing noch Freak-Climbing war

## Die norddeutsche Kletterszene Ende der siebziger Jahre

Axels Nachname erinnerte an den ehrwürdigen Rennfahrer Sterling Moss, und in Anbetracht all der Motoren und Getriebe, die Axel zu Schrott fuhr, hatte er sich den ehrenvollen Titel *Sterling Meß* auch redlich verdient. Mit einer Stunde dreißig hielt er den Rekord für die Strecke von Hamburg auf den Ith, jenem Höhenrücken im Weserbergland, wo es die ersten brauchbaren Felsen gab. Diese sagenhafte Zeit hatte er allein in seinem Wagen aufgestellt, weil er, wie er damals sagte, keine anderen Insassen gefährden wollte.

Diesmal war es der PS-schwächere Renault von Eberhard, den er steuerte, und wir saßen zu fünft im Auto. Dennoch hatten wir die Ehre dabeizusein, wie *Sterling Meß* seinen Rekord egalisierte. Auf der Autobahn fuhr er wie immer hundertzwanzig, weil Vollgas auf der Autobahn seiner Meinung nach keinen fairen Vergleich ermöglichte. Entscheidend waren die neunzig Kilometer Landstraße von der Ausfahrt Laatzen-Pattensen bei Hannover bis hinauf auf den Ith. Nebelbänke standen wie weiße Wände aus Papier auf der kurvenreichen Strecke, und in jede Nebelbank fuhr er blindlings mit Vollgas hinein. Gnadenlos spät blinkten im Streulicht der Scheinwerfer die jeweils runden oder dreieckigen Reflektoren an den Begrenzungspfählen auf, die anzeigten, auf welcher Straßenseite der Pfahl stand und in welche Richtung die Kurve folglich ging. Jeder stierte angestrengt in den Nebel, und oft genug sah jemand anderes als Axel zuerst die neue Richtung und schrie sie ihm angsterfüllt zu.

Ich war begeistert. Wenn Axel am Steuer saß, war es wirklich Urlaub von Anfang an. Kurz nach Mitternacht erreichten wir den Ith. Eberhard und ich zerrten ein Seil und etwas Material aus dem Kofferraum und gingen sofort klettern.

Im Auto war es laut gewesen. Axels donnernde Rockmusik und unser Gekreische hatten sich zu einem ungewöhnlichen Lärmpegel summiert, so daß die quietschenden Reifen kaum mehr zu hören waren, und dazu hatte uns in jeder Kurve die Fliehkraft auf den Sitzen hin- und hergeworfen. Jetzt tapsten wir still und erwartungsvoll durch den Wald, wo es jedes Wochenende alles gab, was wir begehrten: Felsen, frische Luft und Freunde. Leis rauschte der Wind im Buchenblätterdach hoch über uns, leis klimperten die Karabiner am Gurt. Zwischen den Bäumen sah man kaum die Hand vor Augen, nur an den freistehenden der vielen verschiedenen Felsen schien der Mond hell genug. Die zwanzig Meter hohe Südwand des »Teufelstrichters«, ein griffiger, steiler, wunderschöner Vierer, den wir regelmäßig *eumelten* – solo kletterten –, stand prachtvoll wie ein Sechzehnender im Licht. Um es zünftiger zu machen, seilten wir uns im Abstand von fünf Metern an und gingen gleichzeitig ohne Sicherung. Stürzte einer, lagen beide unten. Vertrauen war etwas Wundervolles.

Vom Gipfel des Felsens hatten wir einen Blick wie auf einem Gemälde von Caspar David Friedrich; sanft lief der Höhenzug, auf dem wir uns befanden, über der feuchten, fruchtbaren Ebene mit ihren weit auseinandergestreuten Dörfern. Große, dunkle Bäume standen hinter uns wie stumme Freunde, und durch die Äste lachte der Vollmond wie ein Semmelknödel.

Ein paar Felsen weiter probierte Eberhard einen Sechser. Die Route lag im Mondschatten, und ein Sechser war für unsere Verhältnisse schon bei Tageslicht unglaublich schwer. Eberhard hatte schon zahlreiche Sechser auf dem Konto und war auch Held jener fabelhaften Geschichte, als Axel und er am »Rampenweg« drüben in den Holzener Klippen Zwischenstand an zwei Haken gemacht hatten, die angeblich nur hielten, weil sie mit kleinen Holzstückchen im Riß verkeilt waren. Er war ein paar Jahre älter als ich, sensibel, musikalisch und trinkfest.

Routinicrt knipste er seine Stablampe an und schob sie sich tief in den Mund. Als er zehn Meter hoch war, rutschte sie ihm aus den ermüdeten Kiefern und verfehlte mich knapp. Eberhard sah nichts mehr. »Ich komme!« schrie er und plumpste zwei oder drei Meter ins Seil.

So endete der glorreiche Versuch einer Nachtbegehung der Südostkante des Buchenschluchtmassivs, ein Unternehmen, an dem teilgenommen zu haben mich bis heute mit Stolz erfüllt. Auf dem Rückweg zum Zeltplatz kamen wir am »Kamel« vorbei, einem freistehenden hohen, schlanken Felsen, der im Mondschein hell wie Marmor schimmerte. Wir erkannten die Stimmen von Oli und Helmut, die gerade den »Briefkasten« kletterten und als Silhouetten vor dem Sternenhimmel zu sehen waren. Es war eine stille Begegnung mit anderen Eingeweihten, als wir ebenfalls noch den »Briefkasten« gingen, und würdevoller Abschluß einer großartigen Nacht. Auf dem Gipfel war noch irgend jemand, und der hatte Bier mitgebracht. Mehr konnte man nicht mal erträumen.

Auf jener Wiese oberhalb der Felsen im Ith trafen wir uns jedes Wochenende. Neben der Wiese steht ein hoher Buchenwald, der den Kamm und den talwärts abfallenden Hang bedeckt. Auf der Südseite des Kamms liegen der Reihe nach wie an einer Perlenschnur aufgezogen die rund zwanzig Felsen der »Lüerdisser Klippen«, die ersten kletterbaren Felsen überhaupt, wenn man von Norden kommt. Das bedeutet allerdings nicht, daß es schlechte Felsen wären. Gemeinsam mit den nahegelegenen »Holzener Klippen« ist dieses Klettergebiet eines der schönsten in Deutschland. Zu der Wiese gehören noch eine Hütte und ein Parkplatz, und das ganze ist der selbstverwaltete Zeltplatz der Jugend des Deutschen Alpenvereins Norddeutschland. Die JDAV-Nord war, nebenbei bemerkt, wohl die erste und einzige deutsche Institution, die ihren zu Treffen und Tagungen per Anhalter anreisenden Mitgliedern einen eigenen Kilometersatz zahlte.

Wir kamen aus Schleswig-Holstein, Hamburg, Bremen oder Niedersachsen, und wir waren damals nur ein paar Dutzend. Wenn du in Bayern wohnst, halten sie dich vielleicht für unvernünftig, wenn du kletterst. Aber in so gebirgsfernen Gegenden, in denen sie statt Föhnwetterlagen Flutwarnungen im Radio bringen, wo die Landschaft flach wie ein Bügelbrett ist, wo der Alpenverein Wattwanderungen veranstaltet, galt Kletterer sein als eine der bizarrsten menschlichen Verfehlungen seit Erfindung der Sodomie. Niemand, wirklich niemand nahm dich für voll. Hier auf dem Ith jedoch waren wir unter uns. Hier war unser Treffpunkt, unser Reservat. Hier hatten wir unsere Ruhe, um uns auszutoben. Hier konnte man alleine per Anhalter herkommen, weil man immer genug Leute zum Klettern traf und vor Ort kein Auto mehr brauchte, da die Felsen in wenigen Minuten zu Fuß zu erreichen waren. Am liebsten schliefen wir im Freien, am allerliebsten auf der Verletztentrage aus der Hütte, einer Art Feldbett mit abgesägten Beinen. Als Mitglieder der Jugendgruppen und Jungmannschaften des Alpenvereins brauchten wir weder etwas zu bezahlen noch uns in irgendeiner Form anzumelden. Wir waren einfach da.

Das Tolle war, daß man hier außer klettern auch *gemmeln* konnte. Es gab niemanden, der es hätte verbieten können. Man konnte sich auf dem Dachboden der Hütte, der als Schlafraum diente, mit fünfzehn Leuten kreischend ineinanderschmeißen und sich gegenseitig durchkitzeln, bis die ersten um Hilfe flehten, weil sie zu ersticken fürchteten. Man konnte »Schlachterball« spielen: Anzahl der Mitspieler war beliebig, es gab einen Ball und keine Regeln, außer der, daß Helme und schwere Stiefel nicht erlaubt waren. Wer sich traute, den Ball in die Hand zu nehmen und ein Stück damit zu laufen, wurde von den übrigen Mitspielern umgenietet. Außer er schaffte es, den Ball vorher wegzuwerfen oder zu schießen, am besten natürlich gegen ein Zelt von *Honkies,* sprich Erwachsenen. Man konnte am »Kamel« ein Seil von einem Haken des

»Briefkastens« hinaus zu dem Haken an der großen Felsnase spannen und sich hinüberpendeln lassen, am besten gleich zu zweit und/oder in der Nacht. Jemand aus Bremen klaute aus einem nahegelegenen NATO-Depot eine Nebelhandgranate und verfinsterte am hellichten Tag den Zeltplatz. Man konnte auch abends eine Gaskartusche ins Lagerfeuer werfen und abwarten, wie laut es wohl knallte.

Als Jugendliche waren wir alle ein wenig auf der Suche. Man las Hesse oder Castaneda und wollte wissen, wie weit man gehen, wie schwer man klettern konnte. Was machte Spaß, welche Einfälle waren vielleicht doch zu gefährlich? Der Kampf mit der Schwerkraft, die unveränderlich kleinen Griffe an den schwierigen Passagen, das latent vorhandene, aber gegen die eigenen Fähigkeiten kalkulierbare Risiko, die unaufhaltsam hereinbrechende Dämmerung, wenn man an einer Autobahnauffahrt stand: Das hatte etwas wunderbar Reales, dem man sich wunderbarerweise – auch wenn man sich das in diesen Augenblicken manchmal wünschte – nicht entziehen konnte. Schule war Wischiwaschi, die Schwerkraft und die Angst vorm Fliegen dagegen waren unbestreitbare Tatsachen. Wir probierten aus, wie weit wir gehen konnten, und wir lernten dazu. Was nichts daran änderte, daß Glück in großen Dosen nötig war, damit wirklich nie etwas passierte.

Denn es gab durchaus Unfälle, auch tödliche. Aber die unterliefen Anfängern, die vielleicht vorsichtig, aber eben unerfahren waren. Ein junger Bursche, weder erfahren noch vorsichtig, hatte die idiotische Idee gehabt, über den »Teufelstrichter« hinabzuscheißen. Er kletterte von oben einen Meter in die Wand hinunter, legte eine Knotenschlinge in einen Riß und wollte sich hineinsetzen, aber die Schlinge kam heraus. Er stürzte bis auf den Boden und war tot. Vermutlich lag er mit heruntergelassenen Hosen dort unten, sonst hätte man die Geschichte nicht rekonstruieren können. Das war kein *Gemmeln*, das war pure und tödliche Dummheit: Wer keine Knotenschlinge legen kann, sollte sich nicht daran sichern.

Eines lernten wir schnell, und obwohl es niemand aussprach, war es einer der Faktoren, der das Leben auf dem Ith prägte und intensiver als das Leben in der Stadt sein ließ: Am Fels – und bei den anspruchsvolleren *Gemmeleien* – war jeder für sich selbst voll verantwortlich, oft auch noch für seinen Seilpartner. Niemand gab vor, was erlaubt oder verboten war, so war die Freiheit ungeheuer, und unsere Jugend war glücklich.

Beim *Eumeln* wurde es besonders deutlich. Dein Leben hing an deinen Fingerspitzen, und das Verrückte war: dort war es verdammt gut aufgehoben. In den meisten Fällen wußten wir ja auch genau, was wir taten. In zehn, fünfzehn, zwanzig Metern Höhe konntest du sehen, wie sich deine Hände um die Griffe schlossen und sich erst wieder lösten, um den nächsten Haltepunkt sicher zu umfassen. Besonders in leichten, aber hohen Routen befriedigte mich die ambivalente Situation, einen lebensgefährlichen Sturz mühelos vermeiden zu können. Ich genoß das Wissen, bei einem groben Fehler weit zu stürzen und im selben Moment ganz genau zu wissen, daß ich mich auf meine Hände, meine Kraft und meine Erfahrung, auf mich selbst verlassen konnte, und daß ich eben nicht stürzte, sondern lebte, atmete und mein Herz hörbar schlug. Nein, ich fiel da nicht runter, ich würde leben. Diese Verantwortung für sich selbst war eine begehrenswerte Sache, denn sie gab einem Macht über das eigene Schicksal.

Das Beste und Wertvollste am Ith waren aber eigentlich die Menschen, die man dort kennenlernte. Sie hatten irgend etwas gemeinsam, was zu benennen wir niemals imstande waren. Wenn man später woanders Kletterer traf, hatten sie die gleiche Schattierung des Charakters, tief im Getriebe ihres Hirns saß die gleiche versteckte Schraube locker. So ähnlich und artverwandt waren die Geschichten, von denen man später im Ausland hörte, daß man hätte glauben können, Klettern sei ganz allgemein eine Art genetischer Defekt.

Der bereits erwähnte Eberhard verpaßte die Aufnahmeprüfung an der Musikhochschule, studierte Geologie und besang fortan mit sanfter melodischer Stimme und melancholisch rollenden Äuglein das Vermessungsgerät »Theeeeo-doo-lit« und den Klassiker »Ich hör' die Bächlein rauschen / im Walde her und hin«. Carsten aus Hamburg sollte Jahre später im Montblanc-Gebiet einen Siebzig-Meter-Sturz überleben, vorher jedoch hatte er einen Ausspruch getan, der ihn ohnehin unsterblich machte: »Er kaufte eine Lodenhose / und wetzte sich die Hoden lose.« Besonders dankbar waren wir ihm für die Übertragung des Kommunistischen Manifests auf die aktuelle Lage der kletternden Klasse: »Ein Gespenst geht um in Europa – das Gespenst des Alpinismus...«. Da war Ingo aus Braunschweig, dessen Mutter ihm immer stapelweise Nutellabrote mitgab, die am Sonntagnachmittag, schön durchgeweicht, wertvoll wurden, wenn die anderen Vorräte verbraucht waren. Ingo, der braungebrannt aussehen konnte wie ein kleiner Alain Delon, hörte merkwürdige Gruppen wie »Mad Professor« und »Schimmliges Brot« und besaß eine Reihe der kaputtesten Autos, die je die Steigung hinauf auf den Ith überstanden haben. Diese Schrottmühlen wechselte er wie Delon die Frauen und andere die Unterhosen. Da war der auf seine Art merkwürdig frühreife Oli aus Hamburg, der schon mit vierzehn schwerer *eumelte* als seine volljährigen Begleiter, die bei einem Unfall hätten haften müssen. Wenn er nicht gerade kletterte, saß Oli meistens schweigend in einer Ecke, trug einen schmalkrempigen, gemusterten Hut wie Jack Lemmon und rauchte oder löffelte Pflaumenmus. Er konnte es fertigbringen, am Freitag mit drei Mark in den Ith zu fahren, ohne diese drei Mark am Wochenende überhaupt auszugeben. Henning aus Hannover lachte immer ziemlich krank, wenn er bekifft war, galt als der Sudelkönig und wurde *Schmutzfuß* genannt. Die Bremer waren ein bißchen eine Clique für sich, weil sie sofort die neue Richtung des Sportkletterns verfolgten, Krafttraining machten und Bohrhaken setzten. Wir rümpften die Nase über alles, was neu war – jugendliche Reaktionäre –, waren uns aber nicht zu vornehm, ihre Haken zu benutzen und ihre Touren zu versuchen. Es konnte und wollte jedoch niemand bestreiten, daß sie wirklich feine Kerle waren.

Der Exiltscheche Milan Sykora war in Norddeutschland der mit Abstand beste Kletterer und trieb die sportliche Entwicklung gemeinsam mit den Bremern voran. An einem Felsen namens »Krokodil« gab es eine überhängende glatte Wand mit einem zementierten Haken, in den bei Sicherungsübungen ein Achtzig-Kilo-Gewicht fallengelassen wurde. So wurde das Halten von Stürzen trainiert. Milan kletterte frei durch diese überhängende Wand, und der Ith hatte seinen ersten Siebener. Wir konnten es überhaupt nicht fassen, daß da jemand hinaufklettern konnte. Vom Ausstieg war zu allem Überfluß ein Zehn-Meter-Sturz möglich. Es war der größte Meilenstein der norddeutschen Klettergeschichte, eine starke Tour mit einem saustarken Namen: »Anaconda«. Da das schwere Eisengewicht die Griffe beschädigen könnte, bohrte Krische von der Landesjugendleitung in den Holzener Klippen an der »Drachenwand« einen neuen Sturzstand. Aber auch jene stark überhängende Wandpartie war vor Milans Kletterkünsten nicht lange sicher, und bald hatte er genau dort mit dem »Schulterweg« den ersten Neuner Norddeutschlands eröffnet. Die nächsten Jahre gab es keine Sturzübungen mehr. Milan zog später ins Frankenjura und wurde das, was man einen wirklich bedeutenden Kletterer nennt.

Wir kletterten noch viel a.f., das heißt, wir hängten uns zum Ausruhen ins Seil. Das Dumme an dieser Methode war, daß wir noch Brustgurte benutzten, die ein komfortables Hängen gar nicht zuließen. Frei hängen, also ohne Kontakt mit den Füßen zum Fels, konnte man überhaupt nicht, weil der Brustgurt einen beinahe strangulierte. Oli hatte als erster unserer Clique einen verführerisch bequemen Sitzgurt, den wir uns freudig ausliehen, um uns mit Seil von oben in kurzen Etappen die »Anaconda« hinaufzuruhen. Wir konnten uns nicht recht entscheiden zwischen Beibehaltung des Status quo, was bedeutete: keine Bohrhaken, kein Magnesia und auch sonst nichts Neues, und der neuen Richtung des sportlichen Freikletterns, die präzise sportliche Regeln aufstellte, während wir doch gerade klettern gingen, um keine Regeln vorzufinden.

Die schillerndste Figur der Szene war auf seine unnachahmliche Art für einige Jahre Helmut aus Hildesheim, genannt *der Grieche*. Anpassung war nicht seine Leidenschaft, und so flog er der Reihe nach von allen Realschulen seiner Heimatstadt, jobbte im Altenheim und bei der Müllabfuhr und machte den Realschulabschluß schließlich auf der Abendschule. Als seine Freundin Anke ihn zum ersten Mal sah, hing er besoffen mit einer Hand an der Regenrinne der Ith-Hütte und grölte Strophen aus »Scheiße auf der Kirchturmspitze / hey-ladi-ladi / sieht gut aus und stinkt bei Hitze / HEEEEYY-laadi-laadi-loo«. Helmut trug gebatikte Hosen und Hemden, eine große eckige Brille und schulterlange, nicht zu oft gekämmte Haare. Sein Oberkörper steckte, wenn es kühl war, in einer riesigen roten Daunenjacke, die im Notfall auch als Bremsfallschirm hätte Verwendung finden können. Seine Arme waren unglaubliche zwanzig Zentimeter länger als bei gleich großen Personen, was ihm beim Klettern einen phänomenalen Reichweitenvorteil verschaffte. Mit seinen gleichfalls sehr langen Beinen konnte er sich so eigentümlich am Fels verspreizen und verdrehen, daß man schon aus großen Entfernungen sagen konnte: Guck mal, das ist sicher Helmut.

Er liebte es, Angst zu haben. Er liebte die Sturzgrenze wie andere ein weiches Kopfkissen, und natürlich liebte er das *Eumeln*. Bei seinem schwersten Solo, der »Wechselverschneidung«, einem dreißig Meter hohen Sechser mit schwierigem Ausstieg, kam er vor den Augen einiger Freunde völlig ins *Rotieren*, wie wir das Gewackel an der Sturzgrenze nannten. Abklettern war unmöglich, und er wackelte in dreißig Meter Höhe in höchster Lebensgefahr herum. Als er den rettenden Ausstieg schließlich erreicht hatte, weinte er, so knapp war es gewesen. Eines Tages probierten wir gemeinsam eine der leichteren Touren von Milan, und allen Anstrengungen zum

Trotz kam ich nicht hinauf. Helmut schaffte die Stelle auf Anhieb, war aber vom Vortag noch so betrunken, daß er einschlief, während er mich nachsicherte. Erst meine verzweifelten Schreie, doch endlich das Seil einzuziehen, nachdem ich die Schlüsselstelle ebenfalls überwunden hatte und der Strick meterweit durchhing, weckten ihn wieder. Helmut war es, der das Whisky-Nutella-Brot erfand, den unangefochtenen Rekord in »Am-meisten-Maggi-pro-Teller-Suppe« hielt und seine Umgebung mit dem Verzehr immenser Mengen Bärlauchs tyrannisierte, einer wilden Form des Knoblauchs, die im Wald neben dem Zeltplatz wuchs. Es gab noch ein anderes interessantes Gewächs dort oben: Tollkirschen. »Sechs sind tödlich«, hatten Helmut und Ingo gehört, also nahmen sie fünf. Sie merkten nichts und informierten sich ein zweites Mal. Nun lag die tödliche Dosis angeblich bei zwölf, sie nahmen vierzehn, und Helmut half mit Whisky und Schlaftabletten ein wenig nach. Er sah drei Tage lang alle Dinge auf dem Kopf. Wie man sieht: Klettern war nicht alles.

Einer der großartigsten Höhepunkte war die Sylvesterfeier 1980/81 im Hause von Kerstins völlig unwissenden Eltern in Hildesheim. Erstaunlich rasch hatte sich die Nachricht verbreitet, daß bei Kerstin etwas los war. *Sterling Meß* kam mit ein paar Leuten aus Hamburg, hielt mit quietschenden Reifen vor dem Haus und schoß zur Begrüßung mit einer Rakete auf den *Griechen*, der am Gartentor stand und ihn erwartete. Der *Grieche* schoß zurück, zielte schlecht, und der Rolladen am Nachbarhaus fing Feuer. Jürgen S., bei dem jeder Witz mit »Kommt 'n Mann in 'nen Puff« begann, schoß im Wohnzimmer mit Tränengas.

Am Neujahrstag dann schneite es in dicken Flocken. Mit der Begründung, es läge nicht genügend Schnee, ließen wir eine Skifreizeit des Alpenvereins für Kinder ausfallen und *gemmelten* auf der freigewordenen Malepartus-Hütte im Harz weiter. Die Entscheidung über die Schneelage hätte man rein organisatorisch schon einige Tage zuvor treffen müssen, als tatsächlich kein Schnee lag, und nun war sie auch nicht mehr zurückzunehmen. Aber es hatte den Kindern und ihren Eltern niemand gesagt, und so erfuhren sie es jetzt. *Sterling Meß* bretterte neben dem großen Bus auf den Bürgersteig, und während hinter ihr AC/DC aus der offenen Autotür hämmerte, erzählte Kerstin den Leuten, daß sie ihre Kinder wieder mit nach Hause nehmen müßten: »Kein Schnee« sagte sie, und gleichzeitig schneite und schneite es. Das war nun kein besonders seriöser Auftritt, und als zwei Tage später die ersten *Honkies* auf der Hütte erschienen, sah es dort so schlimm aus, daß einige von uns Hausverbot erhielten.

Abends oder wenn es regnete, gingen wir vom Zeltplatz hinüber ins Ith-Hotel, einem einsamen Stück deutscher Gastronomie-Kultur. Die Ortschaft Lüerdissen, die oben auf dem Kamm lag und nach der die Felsen benannt waren, bestand aus etwa fünfzehn Häusern. Wenn man nicht zufällig kletterte, war Lüerdissen für die meisten Besucher wohl einfach nur das Furunkel am Arsch der Welt. Das Bundesamt für Zivildienst hatte den teuflischen Einfall gehabt, ausgerechnet dort oben eine Zivildienstschule einzurichten, als ob die längere Dienstzeit nicht schon Strafe genug sei. Das Ith-Hotel nun lebte überwiegend von Ausflugsgästen in Reisebussen, die sich vermutlich nur deswegen dorthin verirrten, weil es geheime Absprachen mit den Busfahrern gab. An der Wand, mitten im norddeutschen Tiefland, hing die Urkunde über die Lawinen-Suchhund-Prüfung des verfetteten Schäferhundes, der zum Hotel gehörte. Kurz nachdem Becker zum ersten Mal in Wimbledon gewann, hatten sie dort einen neuen deutschen Schäferhund, und der hieß natürlich Boris. Hierher trugen wir an unseren Sohlen den dunklen feuchten Mutterboden aus dem Wald, und obwohl manche von uns bereits die Volljährigkeit erreicht hatten, war es zu niemandem von uns vorgedrungen, wozu in aller Welt ein Fußabtreter gut sein könnte. Wir saßen immer in derselben Ecke, und immer zog die gleiche Schlammspur von der Eingangstür zu unserem Tisch. Sie war nicht nur sichtbar, oft war sie so dick, daß man ihr auch ohne weiteres mit den Händen tastend hätte folgen können. Die Bedienung – zum Zeitpunkt der Niederschrift dieses Textes noch immer dieselbe wie damals, genau wie die Ecke der Kletterer dieselbe geblieben ist – wies uns auf den Dreck gelegentlich mit jener Sanftmut hin, wie ihn wohl nur Mütter aufbringen, die an ihren eigenen Kindern erfahren haben, was Resignation wirklich bedeutet. Jeder Wink in Richtung Ordnung oder Sauberkeit freilich wurde von uns als Auswuchs verderbter, reaktionärer Weltsicht gebrandmarkt, die unseren jugendlichen Utopien von Freiheit und sozialer Gerechtigkeit in grausamer Abruptheit entgegenstand. Das WC-Haus am Zeltplatz allerdings stank wirklich entsetzlich, und so stapften nicht selten Kletterer mit ihren schlammigen Schuhen die zweihundert Meter hinüber zum Ith-Hotel, am Schuhabtreter vorbei und auf die Toilette. Anschließend klaute man das Klopapier, versaute das Waschbecken und zog von dannen. Der Berg rief.

Seit jenen Zeiten sind die großen Buchen auf dem Ith um viele Jahresringe dicker geworden, und sehr vieles ist anders, als es damals war. Die rostigen Normalhaken, denen wir ahnungslos unser Leben anvertrauten, sind durch zuverlässige Bohrhaken ersetzt. Die Anzahl der Kletterer und Ith-Besucher hat sich vervielfacht. Seit im Rheinland aus hanebüchenen Umwelt-Vorwänden reihenweise Klettergebiete gesperrt wurden, sind es noch einmal wesentlich mehr geworden. Das Entscheidende, das Essentielle aber blieb: die Ith-Wiese mit der Hütte, den Maulwurfshügeln und den zwei kleinen Baumgruppen ist ein intaktes menschliches Biotop. In dem schweren Boden, der an den Schuhen ins Ith-Hotel getragen wird, gedeihen außer Bärlauch, Buchen und Tollkirschen auch Menschen mit jenem genetischen Defekt, der es ihnen beschert hat, ein Kletterer oder eine Kletterin zu werden. Die Leute von der Interessengemeinschaft Klettern kämpfen wirkungsvoll und hartnäckig gegen Felssperrungen, die Aktiven von der

Selbstverwaltung der Alpenvereinsjugend halten die Hütte und den Platz instand. Morgens setzt man sich zu den Leuten, die nebenan vor ihren Zelten frühstücken und von denen man immer ein oder zwei kennt. Man legt sein Brot in die Mitte und nimmt sich einen Kaffee. Man könnte es vermutlich auch halten wie Oli seinerzeit: mit drei Mark kommen, mit drei Mark wieder gehen. Mit solchen Lappalien macht man sich nicht gleich unbeliebt. Die Leute kommen immer noch aus Hamburg, aus Hannover, Bremen oder Braunschweig. Sie gehen zur Schule oder arbeiten oder studieren, wie es junge Leute eben tun. Da Krafttraining jetzt Mode ist, sind ihre Schultern ein bißchen breiter als früher bei uns, und sie können auch oft viel besser klettern. Sie haben die gleichen Benzinkocher, die gleichen Isomatten und das gleiche Lachen wie damals und strafen jene Behauptung Lüge, daß früher immer alles besser war: das Wetter, die Politik – und die Jugend.

# Die Reise nach Malaga

## Far out, first time

Wir stellten uns um die Mittagszeit an die Auffahrt, und als es dunkel wurde, hatten wir jämmerliche vierzig Kilometer hinter uns. Wir standen direkt an der Autobahn, kurz vor Mulhouse, die Sonne versank in einem prächtigen Abendrot, und vor den Silhouetten der Stadt donnerten die Autos an uns vorbei. Es war zum Verzweifeln. Helmut hielt ein Pappschild mit einer großen »13« in die Luft, weil er vermutete, es sei die Kennziffer für Marseille. Wahrscheinlich wirkte es ein wenig bizarr, wie zwei Tramper kurz vorm Dunkelwerden die Unglücksziffer 13 als Maskottchen schwenkten.

Ein Lkw mit deutschem Kennzeichen hielt schnaufend auf dem schmalen Randstreifen. Wir rissen die Rucksäcke hoch und öffneten die Beifahrertür. »Ich fahr' nach Valencia«, sagte der Fahrer, »und wo wollt ihr hin?«

Es war ein Dreißigtonner mit pneumatisch gefederten Sitzen, elektrischen Fensterhebern und zwei Schlafkojen, ich war beeindruckt. Helmut kannte ein Mädchen aus Hamburg, die war gerade in Malaga. Und er hatte ihre Adresse. Es war völlig klar, daß wir also nach Malaga fuhren und nicht mehr in die Calanques in der Nähe von Marseille. Es war eine dieser merkwürdigen Wendungen des Schicksals, bei denen du etwas vollkommen anderes tust, als du eben noch geplant hast, aber dennoch ist es völlig logisch und ganz offensichtlich.

Unser Kapitän fuhr nonstop durch bis an die spanische Grenze, die wir in den frühen Morgenstunden erreichten. Abwechselnd hielt ihn einer von uns angestrengt mit irgendwelchen Geschichten wach, während der andere in der oberen Koje schlief. Vor der Grenze war Helmut an der Reihe mit Schlafen, und ich bekam den Auftrag, den Käpt'n in zwei

Stunden zu wecken. Ich spazierte auf dem kalten Parkplatz im Kreis herum, ich fror und war hundemüde, aber es war schon wärmer als daheim. Ringsum standen Sattelschlepper mit ausländischen Kennzeichen, in Sichtweite die Grenze. Als die Sterne gerade zu verblassen begannen, war die Uhr auf dem Fahrtenschreiber soweit, und ich sagte leise »Guten Morgen!« zu unserem Kapitän. Er reagierte nicht, auch nicht, als ich ihn an der Schulter faßte und in der Koje hin- und herschubste. Ein bißchen mehr Schlaf war sicher gut für ihn und gut für die Sicherheit auf den Straßen, die noch vor uns lagen, aber ich hatte es ihm versprochen. Ich stellte mich breitbeinig in der engen Koje über ihn, hob ihn am Gürtel so hoch wie ich konnte und ließ ihn fallen. Nach dem vierten oder fünften Mal erwachte er.

Es war hell, und wir rollten über die Grenze und nach Spanien hinein. Alles war grün und alles voller spanischer Autos und spanischer Straßenschilder. Spanien, das gab es wirklich. An der letzten Raststätte vor Valencia stiegen wir aus. Tausendvierhundert Kilometer mit einem einzigen Lift blieben bis heute unser Rekord. Die Sonne schien richtig schön warm, und Helmut packte mich an den Schultern und brüllte: »Wir sind in Spanien, Mann, Malte, wir sind in Spanien, wir sind in Spanien!« Er kramte ein Taschenmesser hervor und säbelte sich jubelnd die Jeans an den Oberschenkeln ab, wobei er selbstverständlich die Hosen anbehielt.

»Wir sind in Spanien!!!«

Auf der Raststätte stand eine Karte von Spanien, und bis Malaga war es Luftlinie noch so weit wie von Freiburg nach Marseille. Spanien war wirklich ein ziemlich großes Land. Nach zwei Stunden nahm uns ein Punk-Pärchen mit. Es sollten die einzigen Punks bleiben, die wir damals in Spanien zu Gesicht bekamen. Sie bauten einen Joint, und wir waren weiter weg als je zuvor.

Die hohen, kahlen Böschungen neben der Straße zeigten eine merkwürdig rote Erde, oben standen Werbesilhouetten riesiger schwarzer Stiere aus Holz oder aus Pappe. War das ein anderer Planet?! Kein Zweifel, irgend etwas spülte uns zu neuen Ufern, jedenfalls erst einmal weit weg von den alten. Wir waren keine zwanzig, wir wußten nichts von der Welt, und jetzt begann sie, sich immer schneller unter uns zu drehen. »Malaga«, das klang mindestens so gut wie »Timbuktu«, wie »Kansas City« oder wie »Jupiter«.

In der Innenstadt von Valencia jagte der Punk am Steuer einen alten Mann auf einem Motorroller, und wir konnten nicht mehr realisieren, ob im Scherz oder in böser Absicht. Als sie uns absetzten, war es bereits dunkel. Wir stellten uns mitten in der Stadt an die Straße, und es war dieses dumme, jedem Tramper bekannte Gefühl, als wäre man einfach unsichtbar. Niemand in den vorbeifahrenden Autos schien uns in irgendeiner Form zu bemerken. Spanien war offensichtlich nicht ideal für Tramper, und zu zweit war es ohnehin nicht so günstig. Ggenüber von uns, in der anderen Fahrtrichtung, stellten sich vier Mädchen auf. Das zweite oder dritte Auto hielt, fuhr mit Vollgas zwanzig Meter rückwärts und ließ alle vier einsteigen. Eine Weile blieben wir noch frustriert stehen, dann wanderten wir mit unseren Rucksäcken in Fahrtrichtung aus der Stadt. Wir hatten Glück und fanden ein ruhiges Feld zum Übernachten.

Als ich erwachte, traute ich meinen Augen nicht. Einen Meter neben mir hing eine Apfelsine. Wir lagen in einer Apfelsinenplantage, und so hatten wir Obst zum Frühstück. Ein erstaunliches Land! Apfelsinen gab es, soweit mir das bis dahin bekannt war, nur in den Tropen und in Supermärkten.

Weil das Trampen zu zweit so mies lief, beschlossen wir, uns zu trennen und bei Ute in Malaga wieder zu treffen. Ich stand weiter hinten an der Straße, wurde aber zuerst mitgenommen, was mich zutiefst befriedigte. Helmut war immer schneller per Anhalter als ich, immer ein Stück schlauer, mutiger und erfolgreicher mit dem Daumen, und jetzt hatte ich ihn abgehängt. Ha!

Ich kam bis zu dem Städtchen Elche, wo, wie auf mehrsprachigen Schildern zu lesen war, Europas größter Palmenwald stand. Geradeaus ging es ins Zentrum, links herum zog die Umgehungsstraße Richtung Granada. Als erfahrener Tramper blieb ich auf der Umgehungsstraße, und da wenig Verkehr herrschte, lief ich die Straße weiter. Es war ziemlich warm. Alle paar hundert Meter kam eine kleine Auffahrt, aber es kam kaum Verkehr. So lief ich an Europas größtem Palmenwald vorbei, die Straße beschrieb langsam einen Bogen nach rechts, und nach zwei Stunden war ich einen dreiviertel Kreis rund um die Stadt gelaufen. Es war ein bißchen wie im Western. Palmen neben der staubigen Straße, der Rucksack ein paar Meter hinter mir, und ab und zu ein Auto, das Richtung Westen in die sinkende Sonne fuhr.

*Far out, man!* Plötzlich hielt ein Wagen mit österreichischem Kennzeichen, und Helmut sprang heraus:

»Wir fahren nach Malaga, aber wir haben keinen Platz für dich. Tschüß!«

»Kannst du mir wenigstens ein bißchen Gepäck abnehmen?«

»Ach, das dauert jetzt wirklich zu lange! Bis morgen!«

Der Wagen fuhr an und rollte dem Abendrot entgegen. Ich schrie ihm hinterher und verwünschte ihn. Der Österreicher war ein sehr schlechter Fahrer, und so ließ er irgendwann Helmut ans Steuer, obwohl er wußte, daß der keinen Führerschein hatte. Aber Helmut fuhr noch schlechter, und der Österreicher übernahm das Steuer wieder selbst.

Ich hielt durch bis spät in die Nacht, und ein paar Lifts später nahmen mich zwei Deutsche mit, die am nächsten Tag bis Malaga fuhren. Ein älterer Herr stoppte mir ein Taxi und las dem Fahrer die Adresse vor, die Helmut mir gegeben hatte: bei einem Aurelio. Im dritten Stock eines Mietshauses öffnete ein Vierzehnjähriger, der Bescheid zu wissen schien. Er nahm mich wieder mit auf die Straße, schob mich in ein Taxi und sagte etwas zu dem Fahrer. Ich verstand kein Wort. In einer Straße am Stadtrand, direkt am Meer, ließ der Fahrer mich aussteigen und bezahlen. An der Tür öffnete niemand. Als Nachbarn kamen, hielt ich ihnen den Zettel mit der Adresse hin, und es gelang ihnen, mir klarzumachen, daß gegen sechs Uhr jemand nach Haus kommen würde. Die Häuser in dieser Straße waren flach, klein, meistens weiß und aus dünnen Wänden. Der Himmel war strahlend blau, am Strand hingen ein paar Fischernetze. Wo war Helmut?

Vor einem kleinen Laden sprach mich ein amerikanischer Penner an. Er überzeugte mich, daß sein Geld zufällig noch genau für eine halbe Flasche Rotwein reichte und ich ein toller Kamerad wäre, wenn ich den Rest übernahm und gemeinsam mit ihm trank. Vor einem halben Jahr hatte ich Abitur gemacht, war in erster Instanz als Kriegsdienstverweigerer abgelehnt worden und verdiente, aus recht behüteten Verhältnissen stammend, mein Geld als Hafenarbeiter. Nun saß ich in Spanien auf dem Bürgersteig und trank mit einem amerikanischen Penner. *Far out, man!* Keine Frage, das Leben fing erst nach der Schule an.

Aurelio und seine Freunde nahmen uns großzügig auf, obwohl Ute natürlich gerade ein paar Tage zuvor abgereist war. Ich erhielt ein Gästebett in einem separaten Zimmer. Helmut schlief im gleichen Zimmer wie Maria und Manuel und mußte ihnen – oder durfte, ganz wie man es betrachtet – Nacht für Nacht beim Vögeln zuhören. Ich bewunderte ihn, wie er das durchhielt. Aurelio sprach gut Englisch, und wir unterhielten uns über die Möglichkeiten der Verweigerung des Militärdienstes in unseren Ländern. Abends saßen wir im kalten Wohnzimmer um ein kleines Faß mit glühender Holzkohle, aßen frischen gebratenen Fisch, und Aurelio und Manuel bauten einen Joint nach dem anderen.

Auf unseren Streifzügen durch die Stadt entdeckten wir eine Festung, eine Art Schloß auf einem Hügel direkt über dem Hafen. Niemand hatte uns je aufgeklärt, daß Mauern auch zu etwas anderem gut sein könnten als zum Klettern, und so kletterten wir begeistert die zehn Meter hohe Mauer hinauf, die

die Festung umgab. In Norddeutschland hätte es an so einer tollen Mauer hundert Touren gegeben. Wir spazierten auf der Mauer entlang, bis ein Wärter uns entdeckte. In einem Teil des weitläufigen Geländes hinter der Mauer war ein Museum untergebracht, aber wenigstens hielt man uns nicht für Diebe, sondern warf uns nur hinaus.

Die Entdeckung ließ uns keine Ruhe. Vor dem zweiten Anlauf aßen wir in einer kleinen Bar in der Nähe der Festung. Wenn man in Spanien zum Essen Wein bestellt, kommt eine ganze Flasche, man zahlt aber nur die Gläser, die man getrunken hat. Als typische, also paranoide Touristen nahmen wir an, die ganze Flasche zahlen zu müssen, und Helmut trank sie fast alleine aus.

Wir marschierten wieder zu unserer neuen Klettermauer. Helmut war voll wie ein Haus und schwankte buchstäblich wie eine Pflanze im Wind. Während wir die Mauer hochstiegen, fragte er mich ständig, wie schwer es gerade sei, denn er könne beim besten Willen nicht unterscheiden, ob er gerade einen Dreier oder einen Sechser klettere. Oben angekommen, gingen wir diesmal in die andere Richtung weiter als beim letzten Mal. Wir kamen auf die hafenwärts abfallende Seite der Festung, wo die Mauer viel höher und viel schmaler war. Wir erhielten einen großartigen Blick auf die Stadt, die Alleen mit den verdorrten Apfelsinenbäumen in der Mitte, die prachtvollen Straßen am Hafen entlang mit dem vielen Verkehr und die Hafenanlagen, wo Frachtschiffe am Kai lagen und Kräne und Möven und Gabelstapler zugange waren, so ähnlich wie in Hamburg. Im Innenhof der Festung tobte ein riesiger schwarzer Hund herum, wie in einem Hitchcock-Film. Er mußte uns gesehen oder gerochen haben.

Der Sims, auf dem wir gingen, war bröckelig und nur noch zwei, drei Hand breit, und ich bekam Bedenken wegen Helmut, der nun immer weniger sprach. Wir erreichten einen schmalen, baufälligen Turm, auf dessen Grund Keramikscherben lagen. Wir kletterten hinunter und nahmen ein paar Scherben als

Beute mit. Vermutlich waren sie wirklich sehr, sehr alt. Aurelio, Maria und Manuel glaubten uns leider kein Wort.

Helmut trug eine ziemlich unansehnliche schwarze Hornbrille, die Krische ihm gegeben hatte, als seine alte kaputtging. Er schämte sich für diese Brille, und ähnlich wie Marilyn Monroe in »Blondinen bevorzugt« benutzte er sie nur, wenn es gar nicht anders ging. Kurz nach unserer Abfahrt sollte bei ihm zu Hause in Hildesheim seine neue Brille fertig sein, und er hatte seine Eltern telefonisch angewiesen, sie nicht mehr postlagernd nach Marseille, sondern postlagernd nach Malaga zu schicken. Mehrere Anläufe auf dem Hauptpostamt blieben vergeblich, die Brille war nicht da.

Ich wäre gern noch länger in Malaga geblieben, aber auf die Dauer wurde Helmut die ständige und ausdauernde Vögelei von Maria und Manuel zu unangenehm, und ich wollte auch keinesfalls mit ihm tauschen. Aurelio hatte uns erzählt, daß er ein paar Kilometer im Landesinneren mal ein paar Kletterer gesehen hätte und es sehr viele Felsen dort gäbe. So packten wir unsere Sachen, bedankten uns herzlich bei unseren Gastgebern und fuhren nach El Chorro. Jener Canyon bei El Chorro ist heute eines der größten und bedeutendsten Klettergebiete von Spanien.

Das Dorf bestand aus etwa zwanzig Häusern, zwei Kneipen und einem winzigen Bahnhof. Als ich in der Kneipe nach der Toilette fragte, schickten sie mich in den Eisenbahntunnel, der genau vor der Bar aus dem Felsen kam. Befürchtend, es handele sich um einen Scherz, marschierte ich in den Tunnel, bis die entsprechenden Indizien mir verrieten, daß sie sich keineswegs über mich lustig gemacht hatten. Das würde zu Hause auch wieder keiner glauben. Wenn nur jetzt kein Zug kam! Wir zelteten eine halbe Stunde oberhalb des Dorfes, und erst einmal regnete es täglich, so daß an Klettern nicht zu denken war. Aber es gab Stellen mit trockenem Holz, und abends saßen wir am Lagerfeuer und schrieben Postkarten wirren Inhalts in die Heimat. Die Straße war lehmig, und der zähe Schlamm klebte wie dicke Plateausohlen unter den Schuhen. Auf dem Weg ins Dorf pflückten wir wilde Mandeln, die wir in Neandertalermanier mit Steinen aufschlugen, während wir auf unseren Plateausohlen aus Lehm talwärts eierten. *Strange* war unser liebstes Wort. Unten im Dorf kauften wir Brot und tranken Kaffee und ängstigten uns vor einer Rotte von zehn bis zwanzig bizarr degenerierten Hunden. Alle zitterten beständig am ganzen Körper, besaßen krankhaft hervorquellende Glupschaugen, und ihre unteren Eckzähne standen über die Lefzen hervor. Sie trippelten auf ihren bebenden Beinchen hinter uns her, glotzten uns aus ihren alptraumhaften Augen an, und wenn man einen Stein nach ihnen warf, flogen sie praktisch um die nächste Ecke. Vielleicht hatte man sie als Komparsen für einen Monsterfilm gezüchtet.

Als wir schließlich zu einer Klettertour von vier oder fünf Seillängen aufbrachen, trieb Helmut mich vom frühen Morgen an zur Eile, weil er noch am Nachmittag in Malaga nach seiner Brille sehen wollte, bevor das Postamt über Weihnachten mehrere Tage schließen würde. Weder besaßen wir eine Uhr, noch wußten wir, wann der Zug überhaupt fuhr. Die Aussicht am Gipfel war wunderschön, doch Helmut trieb mich an, wir eilten zum Zelt und im Dauerlauf bis zum Bahnhof. Tatsächlich erreichten wir den einzigen Zug des Nachmittags mit hängender Zunge. Aber auf dem Hauptpostamt in Malaga hatten sie seine Brille trotzdem nicht da. Zwei Kletterer aus Granada hatten uns ihre Adressen gegeben, also nahmen wir Heiligabend einen Bus nach Granada. Helmut rief seine Eltern an und versuchte, die Brille abermals umzuleiten.

Am Ende fuhren wir getrennt, weil heillos zerstritten nach Hause. Bis Helmut seine neue Brille endlich in Händen hielt, sollte es noch Monate dauern.

# Angst im Dunkeln

### Nantblanc-Flanke solo

Ursprünglich war der Plan ein völlig anderer. Für die ersehnte Winterbegehung der Droites-Nordwand hatten wir zusammen mit Waldläufen trainiert, uns nächtelang Zuversicht angeschwafelt und uns mit einer Begehung des Couturier-Couloirs an der Aiguille Verte im Auf- und Abstieg warmgemacht. An der Droites sahen die Eisverhältnisse jedoch miserabel aus, und Ecki war plötzlich durch ein Praktikum an der Uni blockiert. Übermotiviert wie ein captagongefütterter Hamster stand ich mit einem Mal alleine da und mußte irgendeine Route machen, es ging nicht anders. Zwei Jahre lang war nichts mehr gelungen, ich hatte der Reihe nach Rückzüge von Dru, Walkerpfeiler, Droites, Eiger, El Capitan und Matterhorn hinter mir, und nun hatte ich gerade gemerkt, daß es doch noch möglich war, irgendwo hochzukommen. Ich hatte mich noch nie für die Nantblanc-Flanke an der Verte interessiert, aber sie drängte sich geradezu auf. Sie war deutlich einfacher als die Droites und von der Bergstation der Grands-Montets-Seilbahn leicht zu erreichen. Der Abstieg über den Talèfre-Gletscher war zwar spaltengefährdet, aber das kam erst hinterher, soweit war ich noch lange nicht.

Beim ersten Anlauf war ich spät dran. Ich fand den Durchschlupf über den Grat nicht, der hinüber zum Nantblanc-Gletscher und zum Einstieg führte, und ich biwakierte irgendwo querbeet. In der Nacht wurde es so kalt, daß ich auf keinen Fall den Schlafsack verlassen wollte und notgedrungen in die neue Thermoskanne pinkelte. Nach diesem verpatzten Start war ich nicht mehr imstande, einfach einen Tag später einzusteigen. Ich hatte so fürchterliche Angst gehabt, daß ich mich ein paar Tage zu Hause erholen mußte.

Eine Woche später stieg ich leichenblaß auf dem Parkplatz der Grands-Montets-Bahn aus dem Auto, fuhr starr vor Angst mit der Gondel hinauf und erreichte nach einer Stunde viel zu früh den Wandfuß. Ich begann, mit dem Kochtopf eine Schneehöhle zu graben. Ich kniete auf einer verdeckten Gletscherspalte und bemerkte, wie ich den Boden unter mir öffnete wie eine Konservendose. Hellblau schimmerte es da unten, sehr tief, sehr kalt und, wenn man hineinfiel, sehr endgültig. Ich verlegte die Baustelle ein Stück hangabwärts und wurde ohne Zwischenfälle fertig. Ich breitete in meiner kleinen Privatgruft die Matte aus, kroch in den Schlafsack und bastelte mit den Steigeisen und einem Eisbeil eine stabile Unterlage für den Kocher. Im Schnee kochen ist immer eine komplizierte Sache, weil der Untergrund unter den sich erwärmenden Gegenständen nachgibt und man ziemlich aufpassen muß, damit der Topf nicht umkippt. Der Gasbrenner schnurrte leise, ich hatte etwas zu tun. Allzu schnell wurde ich fertig, und die Angst war wieder da. Ringsum herrschte eine lähmende Stille, natürlich, es war ja niemand da. Nur das Geräusch meines Atems und das Geraschel des Schlafsacks, wenn ich mich bewegte.

Jahre später sprach mich nach einem Diavortrag jemand aus dem Publikum an und meinte, ich würde ja wahrscheinlich gar keine Angst kennen. Das sollte ein Kompliment sein, aber es war leider das Abwegigste, was ich je über Bergsteigen gehört habe. Ohne Angst würde wahrscheinlich kaum jemand Bergsteigen gehen, aber jeder verflucht sie. Angst macht neugierig, und Neugierde ist schön. Angst ist ein Schmerz, der wieder abklingt und dich das sorglose Leben in der Stadt zwischen Kino und Eisdiele verstärkt genießen macht; ein kalter, klaustrophobisch dunkler Tunnel, der dich die darauffolgende Helligkeit der Normalität jubelnd begrüßen läßt. Ganz ohne Angst ist es nicht spannend, zuviel ist schrecklich. Ich hatte mich allerdings in der Dosierung vergriffen und steckte im längsten Tunnel von Angst, den ich mir je zugemutet hatte, mehr Angst vor mir selbst als vor der Tour. Das hier war zuviel, und wenn das hier vorbei war, was würde ich mir als nächstes antun? Was nützten die Versprechen, die ich mir in dieser Nacht selbst gab? Wer würde mich je vor mir selbst schützen?

Ich tröstete mich mit einer Szene aus »Pat Garret jagt Billy the Kid«: Billy trifft einen alten Kumpel, der die Fronten gewechselt hat und jetzt Hilfssheriff ist. Der Alte steht vom Essen auf, wischt sich den Mund ab und sagt »Bringen wir's hinter uns«, dann gehen sie auf die Straße. Ganz sachlich überlegen sie kurz, ob sie die Sache nicht anders regeln können, kommen aber übereinstimmend zu dem Ergebnis, daß es keinen anderen Weg gibt, und Billy schießt seinen alten Kumpel über den Haufen. Zwei Männer, die fest an bestimmte ungeschriebene Regeln glauben: beneidenswert. Und immerhin, der Alte stirbt fast glücklich, denn seine letzten Worte lauten: »Wenigstens bin ich kein Feigling gewesen.«

»So ist das jetzt auch, Billy«, sagte ich mir, »es gibt keinen anderen Weg. Du mußt da jetzt hoch.«

Plötzlich knackte der Hang, inständig hoffte ich auf eine Lawine. In meiner Höhle lag ich recht sicher, und eine Lawine wäre eine glänzende Ausrede: ein ehrgeiziges Projekt aus Vernunftgründen abgebrochen, welch elegante Lösung, doch nein, alles blieb ruhig. Ich schlief wenig, was aber ausreichte zu träumen, ich sei abgestiegen, glücklich im Tal, in Sicherheit. Ich erwachte, schlug die Augen auf und brauchte ein paar Sekunden, um zu begreifen: immer noch in der verdammten Schneehöhle, diesem selbstgeschaufelten Gefängnis, es war zum Verzweifeln. Sehnsüchtig, als sei es ernsthaft die Erfüllung, malte ich mir aus, im Sommer mit einem Freund am Einstieg des Drus-Couloirs rein aus Lustlosigkeit umzukehren und im Tal Tischfußball zu spielen.

Um vier Uhr begann ich mit Schneeschmelzen, trank, frühstückte und packte zusammen. Das Ende der Passivität war eine ungeheure, unvorstellbare Erleichterung. Ich wußte es noch nicht, aber das Schlimmste an der Tour hatte ich hinter mir. Ich kletterte los, wußte, daß die ersten paar hundert Meter einfach sein würden, und die Angst blieb unten. Trotz voller Biwakausrüstung war mein Rucksack klein und leicht. Ich trug zwar Schlafsack, Matte und Kocher, aber außer Steigeisen und zwei Eisbeilen keine weitere Kletterausrüstung, kein Seil, keinen Gurt, nichts. Ich hatte im ›Bergsteiger‹ einen Bericht über die neue Ära des Winterbergsteigens gelesen: Leichtgewicht machte fast alles möglich, die großen Rucksäcke waren überholt. So hatten Patrick Berhault und Gefährten Winterbegehungen des Freneypfeilers und der Droites-Nordwand ohne Biwaks durchgeführt, zur damaligen Zeit noch nie dagewesene Leistungen. Man war sehr schnell auf diese Art und Weise, es machte mehr Spaß, aber unterwegs durfte nichts dazwischenkommen.

Es wurde hell, und jetzt wurde es richtig gut. Wildschöne Umgebung, eine riesige kombinierte Wand, die sich weit nach links und rechts meiner Aufstiegsroute fortsetzte, nebenan die Drus, einer der legendärsten Berge überhaupt, und vier-, fünfhundert Meter Luft unter den Steigeisen. *The big game!* Ha! Unten sah ich meine Spur, winzig wie eine Ameisenstraße: die Schneerinne herab, die ich beim ersten Anlauf verpaßt hatte, ein kurzes Stück horizontal über den Gletscher, dann verlor sie sich auf dem alten Lawinenkegel, dessen harten Untergrund ich ausgenutzt hatte, um nicht spuren zu müssen. Und dann das Loch der Schneehöhle, die Gruft, die zurückgelassene Angst.

Ich hatte mir eine weniger direkte, leichtere Linie rechts der klassischen Route zurechtgelegt, die den Felsaufschwung mit den Hauptschwierigkeiten rechts im Eis umging und mit einer großen Schleife nach links wieder auf die normale Route zurückführte. In etwa fünfhundert Meter Wandhöhe setzte ich die Linksquerung an und stieß auf eine Passage aus lauter zusammengefrorenen kleinen Steinchen, wie ein Bahndamm, nur steiler und schneebedeckt. Vorsichtig drückte ich die

Hauen der Eisgeräte zwischen den Steinchen fest, eine gebrochene Haue wäre fatal. Nach fünf, sechs Metern wurde es wieder leichter, und ich verspürte heftigen Durst. Ich schwitzte in der dicken Daunenjacke, die ich statt eines normalen Anoraks trug – Fehler Nummer eins: Wer sich nonstop bewegt, darf sich nicht zu warm anziehen. Und aus Gewichtsgründen führte ich keine Trinkflasche mit – Fehler Nummer zwei: Gerade bei großer Kälte ist der Flüssigkeitsbedarf enorm. Bei Kälte und in großer Höhe ist die Luft extrem trocken, und man verdampft literweise Wasser allein zur Befeuchtung der Atemwege. Abgesehen davon hätte ich mir auch die Schneehöhle sparen können, denn mit ein bißchen Erfahrung geht man den Weg von der Seilbahn zum Einstieg ohne weiteres im Dunkeln. Ich fand einen herausstehenden kleinen Felsen, auf dem man rittlings mit dem Gesicht ins Tal sitzen konnte, und schraubte den Kocher zusammen, ein kippliges Unterfangen. Zweihundert Meter über diesem frostigen Picknick hing ein Sérac, aber das war mir egal. Ein halber Liter warme Flüssigkeit wirkte Wunder, die Hände wurden warm, ein leiser Energiestrom rieselte durch den gesamten Körper.

Weiter leicht linkshaltend stieg ich in dem trichterförmigen Eisfeld höher und geriet kurz vor den Felsen in hüfttiefen Schwimmschnee, Aufregung, ein Klimmzug an einem herausstehenden Felszacken hinaus auf den einfachen Blockgrat, das war's. Der Grat führte hinauf zum flachen Gipfelhang, und auf einmal war ich aus dem schattigen Nordwestloch heraus und sah alles: die Skifahrer auf der Argentière-Seite, die von der Grands-Montets-Bahn kamen, und weit entfernt, aber wieder vorhanden, das Tal: Straßen, Wald, Stadt – etwas, worauf man sich freuen konnte, wohin zurückzukehren sich lohnte.

Die letzten hundert Meter zum Gipfel waren schon fast kitschig. Mein Herz schlug schneller, nicht nur wegen der Höhe. Die Sonne stand von mir aus genau hinter dem Gipfel und flirtete mit den leuchtenden Schneekristallen, die ein ganz,

ganz sanfter Wind ins Licht emporhob. Zwanzig Meter vorm Gipfel bekam ich die Sonne ins Gesicht, es war zu schön, um nicht wahr zu sein. Ich sah hinüber zum Whympercouloir, meiner Abstiegsroute, ideale Schneeverhältnisse und dazu eine Spur von irgend jemand anders, die Sache war gegessen.

Normalerweise ist der Gipfel eine eher nebensächliche Station im Verlauf einer großen Bergtour, oft wird er ohnehin aus Zeitersparnis ausgelassen. Wenn man rasten will, ist es am höchsten Punkt oft zu windig, und abgesehen davon ist am Ausstieg einer Route häufig keine Zeit für eine Pause. Du bist k.o. und hast einen schweren Abstieg vor dir, da ist der Gipfel dir völlig schnuppe. Selten habe ich es wie nach der Nantblanc-Flanke erlebt, daß der Gipfel wirklich der Höhepunkt der Tour war, und dazu gehörte, daß die Verte auch ein sehr, sehr schöner Gipfel war: Blick auf die Jorasses, Blick zum Montblanc plus Sonnenschein und blauer Himmel, wundervoll. Ich erkannte, daß ich beim Ausstieg aus dem Couturier-Couloir im Nebel einen kleinen Grataufschwung zwischen hier und dem Weg hinüber zum Whymper-Couloir mit dem Gipfel verwechselt hatte. Seltsames Gefühl, vor so kurzer Zeit schon einmal hier oben gewesen zu sein.

In nur einer Stunde kam ich das Whymper-Couloir hinab zum Talèfre-Gletscher, und die Spur führte in vertrauenerweckenden Kehren abwärts an der Couvercle-Hütte vorbei Richtung Leschaux-Gletscher. Ich dachte nicht über Spalten nach, ich lieferte mich der Spur aus und fühlte mich sicher. Im flachen Becken des Talèfre-Gletschers übte ein Sportflieger: Er landete, fuhr eine 180°-Kurve, startete und landete an der gleichen Stelle wieder, sicher zehnmal nacheinander, kein störendes, aber ein seltsames Schauspiel. Als ich Jahre später wieder im Winter dort in der Nähe vorbeikam, sah ich die gleichen Flugzeugspuren im Schnee.

Ich schmolz zwei Töpfe Wasser und stakste weiter. Nie hätte ich gedacht, am gleichen Tag wieder Chamonix zu erreichen, aber jetzt war es überhaupt keine Frage mehr. *Rolling home!*

Die hartgefahrene Skipiste auf dem Mer de Glace ließ mich nicht mehr einsinken, ich wurde schneller. Ein Bergführer, der eine Skigruppe führte, fragte mich, woher ich kam und erzählte es seiner Gruppe weiter. Überschwenglich nahm mir einer den Rucksack ab, ein anderer stellte sich im Schneepflug hin, bückte sich und tippte auf seinen Rücken. Langsam begriff ich – sie hatten beschlossen, mich huckepack Richtung Tal zu fahren. Welch Triumphzug für einen, der die letzte Nacht vor Angst nicht geschlafen hatte, und welch unvergeßliche Begegnung mit den ersten Menschen, auf die ich nach meiner kleinen Robinsonade traf. Den kühlenden Fahrtwind um den euphorischen Schädel, stammelte ich wirre Dankesworte: »C'est très, très, très confortable, merci beaucoup, I'm heavy, am I not?«

Kurz darauf kam die Nantblanc-Flanke ins Sichtfeld. Es ist immer wieder ein ungeheurer Moment, zum ersten Mal wieder die Wand zu sehen, die man gerade gemacht hat, ganz egal, ob alleine oder zu zweit. Ich konnte nicht präzise erfassen, was mir da gelungen war, ich wußte nur, daß es geklappt hatte. Und so ist es meistens mit großen Routen: Eigentlich ist es gar nichts, nichts hat sich in Wahrheit ereignet. Der Berg hat sich nicht verändert, du hast dich nicht verändert, wenn man von ein paar kleinen Kerben im Gedächtnis einmal absieht. Du kommst zurück, und alles ist genau wie vorher, abgesehen davon, daß du ziemlich ausgepumpt bist, aber das geht nach Speis und Trank bekanntlich vorüber. Nur die Tour, die hast du jetzt hinter statt vor dir, und manchmal, wenn du im Abstieg unter der gleichen Wand vorbeikommst, ist dieser Moment, wo du den Parcours deines Abenteuers zum ersten Mal wieder siehst, ein sehr, sehr schöner.

In der Bar National – gepriesen seien die Zeiten, als sie noch war, wofür sie berühmt wurde: ein von Briten dominierter Bergsteigertreff im besten alpinen Klettergebiet Europas – saßen vier Engländer, verschwitzt, glücklich, unrasiert. Wie üblich hatten sie Gurte und Gamaschen noch nicht abgelegt, als sie den ersten Drink nahmen, und ich wartete immer darauf, daß mal welche mit Helm oder Steigeisen durch die Tür kamen. Ich bestellte und drückte ein paar Lieder an der Jukebox.

Bergsteiger sind Drachenjäger. Wir ziehen hinaus und suchen den größten und wildesten Drachen, der im Wald zu haben ist, und steigen hinauf, an den berüchtigten Eckzähnen vorbei, vorbei an den Nüstern, aus denen er Feuer spuckt und kraulen ihm über die Augenbrauen. Wir haben den Drachen nämlich sehr lieb. Dann gehen wir zurück in die Stadt und trinken Bier und erzählen, wie schrecklich es mal wieder war.

# Der Jack-London-Fanclub

### Unterwegs mit Güterzügen

Welchem wirren Hirn war nur diese phantastische Idee entsprungen? Wir wußten es nicht mehr, aber das spielte auch überhaupt keine Rolle. Nicht mehr wir hatten die Idee, die Idee hatte uns: Güterzugfahren. Der Gedanke war so überwältigend, daß wir schon gar nicht mehr willens oder imstande waren, über ihn noch ernsthaft nachzudenken. Konnte man die Tradition der amerikanischen Hobos hier im industrialisierten Wohlstandsdeutschland noch einmal aufflackern lassen? Zuverlässige Antwort war nur auf dem bewährten empirischen Weg zu bekommen, so wie bei allen Plänen und Ideen, besonders den merkwürdigen, nur eines immer wirklich sicher ist: Wenn du es nicht probierst, wird es nicht funktionieren.

Begeistert vertrauten wir unseren unwiderstehlichen Plan all unseren Freunden an, aber ach!, mit Blindheit waren sie geschlagen und nicht gewillt, an diesen sicherlich ruhmreichen Taten teilzunehmen. Helmut und ich blieben allein mit unserer Entdeckung, daß hier ein riesiges Potential grandioser Erlebnisse beschämend brachlag.

Im Norden Freiburgs, im Stadtteil Zähringen, laufen die Gleislinien von Haupt- und Güterbahnhof zusammen. Dort lauern wir an der Böschung auf den ersten Güterzug. Er donnert in voller Fahrt vorbei. Wir verfolgen das Gleis zurück Richtung Gütergelände und warten auf den ersten Zug, der dort hoffentlich etwas langsamer herauskommt. Wir müssen lange warten, und als der Güterzug kommt, rennen wir im rechten Winkel auf ihn zu. Aber wir könnten genausogut versuchen, einer Concorde beim Start die Scheiben zu putzen. Es ist völlig unmöglich, jeder ernsthafte Versuch, hier aufzuspringen, wäre Selbstmord. Erkenntnis Nummer eins: Moderne Züge beschleunigen offensichtlich stärker als die vor hundert Jahren. Wir müssen die Züge entern, solange sie noch stehen.

Diskrete Ermittlungen bei einigen Spaziergängern ergeben, daß der Güterverkehr vorwiegend nachts ablaufen soll und es ab neun oder zehn Uhr erst richtig losgeht. Wir vertreiben uns die Zeit mit Essen und wirren Spekulationen über all das, was uns da hoffentlich erwartet. Wird es uns eines Tages möglich sein, den Fahrplan selbst zu bestimmen und schneller und systematischer zu reisen als per Anhalter? Nach zwei, drei Fahrten wissen: nachts um halb zwölf im Güterbahnhof Karlsruhe auf dem und dem Gleis geht immer der Güterzug nach München, am besten mit einer bequemen Ladung, auf oder in der man gut liegen kann? Wird man in einem Kohlewaggon liegen können oder ist das zu gefährlich, werden wir mal einen Waggon mit Weinkartons erwischen? Werden wir andere Güterzugfüchse kennenlernen, pfiffige alte Landstreicher vom rechten Schrot und Korn, mit denen wir billigen Fusel trinken, während sie uns ihre Tricks verraten? Nichts kann man wissen.

Im Schutz der Dunkelheit schleichen wir uns schließlich aufs Gütergelände. Wir tragen Turnschuhe, um besser flitzen zu können, das gibt uns Sicherheit. Es ist nicht zu durchschauen, was auf dem riesigen Gelände genau vor sich geht. Waggons stehen einzeln und in langen Reihen herum und werden einzeln und in langen Reihen hin- und herrangiert. Manche Schuppen sind beleuchtet, andere sind dunkel. Vereinzelt laufen Arbeiter hin und her. Über allem droht der *Tower*, der Kontrollturm. Dort sitzen die Leute, die in diesen für uns so geheimnisvollen Alltagsabläufen eines Güterbahnhofs die Fäden ziehen und auf jeden Fall so ziemlich alles sehen können. Aber wir gehen davon aus, daß sie mit so etwas wie uns höchstwahrscheinlich gar nicht rechnen. Schleichen oder normal gehen? Gebückt oder aufrecht? Die Vernunft rät, gerade und normal zu gehen, weil das weniger auffällt, doch die Angst läßt uns geduckt und stümperhaft herumhüpfen wie Statisten in einem staatlichen

Aufklärungsfilm im Stile von »Wie schütze ich mein Heim vor all den fiesen Einbrechern?«

Außen an den Waggons entdecken wir mit Maschendraht vergitterte kleine Kästchen, in denen Zettel mit den Fahrtzielen hängen, Köln oder Hamburg oder Fürth. Fremde Schritte knirschen und kommen näher. Eilig kriechen wir unter den Waggon. Zwischen den Rädern hindurch sehen wir, wie die orange gewandeten Beine des Arbeiters sich nähern und auf unserer Höhe stehenbleiben. Wir wagen kaum zu atmen. Mit ausgestrecktem Arm könnten wir ihm die Schnürsenkel öffnen. Abhauen könnten wir von hier nicht mehr, weil das Herauskriechen viel zu umständlich ist, und wir wissen ja nicht, ob er uns nicht vielleicht doch gesehen hat. Jetzt liegen wir hier und haben Schiß, dabei wollten wir doch nicht einmal etwas klauen. Einerseits versetzt mich diese wahrhaft außergewöhnliche Lage in euphorischen Tatendrang, andererseits nagt der Zweifel, wir könnten möglicherweise doch einfach nur Idioten sein, die sich hier in den Dreck legen und sich am Ende noch dabei erwischen lassen.

Der Arbeiter entfernt sich, und vorsichtig verlassen wir unseren Schlupfwinkel. Zahlreiche starke Scheinwerfer erhellen das Gelände. Aber in Flächen, die von nur einem Scheinwerfer erreicht werden, herrscht Halbschatten, und in den Winkeln an Rückseiten von Containern, Gebäuden und Waggons, wo gar kein Scheinwerfer hinkommt, herrscht gewissermaßen Kernschatten. In diesen Schatten fühlen wir uns unsichtbar. Wir hüpfen von einem schwarzen Feld zum nächsten und beobachten fieberhaft die Abläufe, ohne uns den geringsten Reim darauf machen zu können. Nach einem für uns undurchschaubaren System werden Waggons hin- und hergeschoben, und zwischendurch passiert oft endlose Minuten lang gar nichts. Schließlich steht auf dem letzten Gleis ein langer Zug von zwanzig, dreißig aneinandergekoppelten Güterwaggons, allerdings noch ohne Lokomotive. Wir beschließen, daß dieser Zug bald abfahren wird.

Die fünfzig Meter bis zu dem Gleis sind hell erleuchtet und bieten keinerlei Sichtschutz. Wir schauen angestrengt nach Bahnarbeitern, aber es ist niemand zu sehen.

»OK?«

»Los!«

Wir spurten hinüber und klettern auf die Puffer zwischen den Waggons, wo wir im Schatten relativ sicher sind. Gleich hinter dem Gleis liegt eine beruhigend dunkle Kleingartenkolonie, in die wir notfalls flitzen könnten. Etwa eine Viertelstunde lang passiert gar nichts, wenn man von unserem Herzklopfen einmal absieht, dann naht ein Bahnarbeiter, der die Waggons auf der den Gärten zugewandten Seite der Reihe nach abschreitet und an jedem Waggon flüchtig irgend etwas kontrolliert. Ganz kurz bevor er unseren Waggon erreicht, klettern wir außen an die dem Bahngelände zugewandte Längsseite und stehen mitten im Licht. Jeder Schritt runter vom Waggon würde uns sofort verraten, weil der Schotter bei schnellen Bewegungen laut knirscht. Glücklich vor Aufregung warten wir, bis wir den Arbeiter hinten um das Zugende herumkommen sehen, und verstecken uns wieder auf den Puffern. Der Arbeiter läuft wie vorgesehen an uns vorbei. Minuten später tauchen zwei andere Arbeiter so plötzlich und so nah bei uns auf, daß wir keine Zeit mehr zum Verstecken haben. Ich stehe im Halbschatten mit dem Rücken an der Waggonwand, und die beiden schlendern auf mich zu und haben mich genau in ihrem Blickfeld – fast meine ich, der eine sieht mir in die Augen.

Es ist einfach nicht zu glauben, aber sie haben mich nicht gesehen und gehen vorbei. Eigentlich hatten wir schon gar keine Angst mehr, denn eigentlich waren wir ja schon erwischt. Es ging schon nicht mehr darum, das Unangenehme noch irgendwie abzuwenden, sondern nur noch darum, es auszubaden. Aber jetzt brauchen wir doch eine Weile, uns von diesem Schrecken zu erholen. Mit etwas Glück sollten wir es jetzt geschafft haben, denn wozu sollten die Arbeiter den Zug ein drittes Mal kontrollieren, wenn sie ohnehin nicht richtig hinschauen? Dann pflanzt sich ein mächtiger Ruck durch den ganzen Zug fort: Sie haben die Lokomotive angehängt.

Kurz darauf setzt sich der Zug tatsächlich in Bewegung. Im Nu haben wir sicher siebzig, achtzig Stundenkilometer erreicht, die Silhouetten von Häusern und Bäumen huschen am nachtschwarzen Himmel vorbei, was für eine Nacht! Hell scheinen die Sterne, der Mond leuchtet erst recht, und wir jubeln so laut, wie wir können. Es ist Nacht, die Stunde des Abenteuers, und wir sind dabei. Gibt es irgendeinen Ort auf der Welt, wo wir jetzt lieber wären als auf diesem Waggon? O nein, denn das Leben ist hier.

Irgendwann wird es kühl. Wir fummeln den Verschluß der Plane auf und steigen in den Waggon. Er hat ausgerechnet Bleche und Rohre geladen, die fürchterlich laut scheppern. Außen an dem Waggon stand »Köln«, und wir beginnen, uns zu überlegen, wo der Zug wohl zum ersten Mal hält.

»In Offenburg hält er auf jeden Fall«, erkläre ich Helmut, der erst seit kurzem in der Nähe von Freiburg wohnt, »Offenburg ist Intercity-Bahnhof.« Kurz darauf sausen wir in voller Fahrt durch Offenburg. Erkenntnis Nummer zwei: Güterzüge und Intercity-Bahnhöfe sind offensichtlich zwei Paar Schuhe. Morgen haben wir beide Spätdienst, Helmut als Erzieher in einem Kinderheim und ich in einem Krankenhaus. Fahren wir jetzt etwa nonstop nach Köln? Das kann man nicht wissen.

Uns ist kalt, und der Lärm der blöden Rohre beginnt zu stören. Irgendwann merken wir, wie der Zug bremst und langsam zu quietschen beginnt. Noch bevor wir ganz stehen, sind wir aus dem Waggoninneren heraus, und springen, sobald wir zum Halten gekommen sind, ab. Wir sehen, wie vorn an den Gleisen ein Signal von rot auf grün umspringt, und sofort fährt der Zug wieder an. Wir sehen eine rote Laterne am Zugende in der Nacht verschwinden und beschließen, daß nach der nächsten Fahrt so eine Laterne als Trophäe fällig ist.

Wir sehen uns um. Wo sind wir?

Wir sind am Bahnhof von Bühl, das liegt irgendwo zwischen Offenburg und Karlsruhe. Wir stellen uns an die Straße und trampen in entgegengesetzter Richtung zurück Richtung Freiburg. Nach zwei Autos und ein paar Kilometern ist Schluß. Es ist mitten in der Nacht, die Straße wie ausgestorben, und wir stehen bei Vollmond in irgendeinem Wohngebiet. Wir brauchen etwas zum Übernachten. Unsere Wahl fällt auf einen Neubau. Im ersten Stock liegen große Ballen Glaswolle, jeweils auf einer Seite mit dicker Aluminiumfolie abgefüttert. Wir rollen zwei Ballen aus, so daß die Folie nach oben zeigt, und legen uns drauf. Es ist ziemlich kühl. Gegen meine dringende Empfehlung deckt sich Helmut noch mit einer Lage Glaswolle zu und schwärmt, wie warm das jetzt sei. Bald beginnt er, sich am ganzen Körper zu kratzen und flucht leise vor sich hin. Mir geht es etwas besser, aber mir ist kalt.

Der Vorteil einer unbequemen Nacht ist meistens der, daß das Aufstehen richtig Freude macht. Lang bevor wir Angst vor eintreffenden Bauarbeitern haben müßten, sind wir auf den Beinen und trampen zurück zum Bahnhof von Bühl, wo wir den nächsten Zug nach Freiburg nehmen. Ironischerweise habe ich die ganze Zeit einen gefälschten Heimfahrerausweis von meinem Zivildienst bei mir, der als kostenlose Fahrkarte hinauf bis nach Lübeck gültig ist. Gegen zehn Uhr sind wir zurück in Freiburg, das reicht sogar noch zum Duschen vor der Arbeit. Wir sind von unserer Aktion begeistert und wollen es bald nochmal probieren. Wir hören von Jack Londons Güterzugroman *Abenteurer des Schienenstrangs*, den wir euphorisch verschlingen, und lernen, nebenbei bemerkt, über diesen Umweg auch Londons großartigen *König Alkohol* kennen. Manchmal lesen wir uns minutenlang unsere Lieblingsszenen aus *König Alkohol* vor.

Es dauert bis kurz vor Weihnachten, ehe wir wieder an der Böschung des Güterbahnhofs lauern. Diesmal sind wir besser ausgerüstet und haben auch ein besseres Konzept. Wir haben einen großen Rucksack mit zwei Schlafsäcken, ein paar Dosen

Bier und einer alles krönenden Linzertorte, die mir unsere wundervolle Stationsschwester als Proviant buk, nachdem ich sie in einem Anflug von Leichtsinn in meine Reisepläne eingeweiht hatte. Auf stehende Züge aufschleichen wollen wir nicht mehr, weil man solange auf dem verbotenen Gelände herumhüpfen muß, und auf fahrende Züge aufspringen ging ja sowieso nicht. Wir warten einfach an der Böschung der Schrebergartenseite, bis auf den in unserer Nähe liegenden Gleisen ein Zug startet, um dann blitzschnell auf den anfahrenden Zug zu springen. Wir müssen lange warten, aber dann stürmen wir gleichzeitig über die Böschung hinauf und über die ersten Gleise hinüber zu einem Güterzug, der Richtung Norden anrollt. Helmut trägt den Rucksack, so erreiche ich den Zug als Erster. Ich erwische einen Haltebügel und ein Trittbrett und schaffe es mit Müh und Not, mich auf den Waggon zu schwingen, denn der Zug ist schon ziemlich schnell. Ich lehne mich sofort hinaus, um nach Helmut zu sehen. Er steht neben dem fahrenden Zug, während mit wachsender Geschwindigkeit mehrere Waggons ohne Haltebügel und Trittbrett vorbeiziehen. Den ersten Haltebügel dann schnappt er sich und wird mitgerissen, den dummen Rucksack auf dem Rücken. Ein paar Schritte läuft er mit und versucht, wieder auf die Beine zu kommen. Dann läßt er los und knallt in den Schotter. Das letzte, was ich von Helmut sehe, ist, wie er wieder aufsteht. Ich möchte abspringen, um ihm zu helfen. Aber ich kann nicht, denn der Zug ist schon viel zu schnell. Warum müssen die verdammten Dinger auch so blödsinnig beschleunigen? Dann sehe ich ihn nicht mehr. Es ist Nacht, und der Zug wird immer schneller. Ich bin allein, und Helmut ist möglicherweise verletzt.

Er hat sich die Hosen aufgerissen und blutet an den Knien. Zwei Arbeiter haben ihn gesehen und eilen auf ihn zu. Er kann aber rechtzeitig in die Schrebergärten entwischen. Um irgendein Ziel zu haben, sind wir mit einem Mädchen aus Stuttgart in Frankfurt verabredet. So läuft er zur nahegelegenen

Autobahnauffahrt Freiburg-Nord, um es noch per Anhalter zu versuchen. Ein Wagen hält, und er bittet den Fahrer um Verbandszeug. Nach diesem ersten Lift, der ihn nur zwanzig Kilometer weit bringt, trampt er resigniert mit verbundenen Knien zurück nach Freiburg und legt sich zum Schlafen völlig entnervt mitten auf den Bürgersteig.

Derweil sause ich auf einem Güterwaggon durch die Nacht und weiß nicht, wie es ihm geht. Was wird heute noch alles passieren?

Auf dem Zettel am Waggon steht »Ulm«, und ich habe die Theorie, daß die geradeaus nach Norden fahrenden Wagen weiter hinten angekoppelt sind. Bei einem Stop auf freier Strecke springe ich ab und laufe nach hinten. Sofort fährt der Zug wieder an, ich steige auf den Waggon, vor dem ich gerade stehe, und es geht weiter. Auch dieser Wagen hat Ulm zum Ziel. Ich klettere auf das gewölbte Waggondach und robbe rittlings nach hinten. Meine schöne rote Hose, jetzt ist sie sicher schwarz. Der nächste Waggon hat ein ebenso gewölbtes Dach, und unten zwischen den Waggons gibt es keine Fläche zum Stehen außer den Puffern. Wenn ich wollte, könnte ich höchstwahrscheinlich auf den nächsten Waggon springen, aber das ist mir dann doch zu heikel, und ich robbe zurück. Mit keinem Gedanken wird mir die tödliche Gefahr der Oberleitung bewußt, die wie eine waagerechte Guillotine wenige Handbreit über meinem Kopf schwebt. Ich klettere wieder hinab auf mein Trittbrett und habe Lust auf mehr.

Ganz kurz vor dem Offenburger Bahnhof halten wir erneut, und ich laufe am stehenden Zug nach hinten. Als er wieder anfährt, muß ich aufspringen und erwische einen Pritschenwaggon, auf dessen Mitte eine Maschine festgezurrt ist. Hier kann ich mich nirgendwo verstecken. Wenige hundert Meter später halten wir mitten im Bahnhof von Offenburg genau neben einem vollbesetzten Personenzug. Die Passagiere dort im hell beleuchteten Abteil sind keine zwei Meter von mir entfernt. Ich stehe mitten im Licht, es ist klar, daß ich verschwinden muß.

Auf der anderen Seiten steht noch ein Güterzug, und ich springe zwischen zwei Waggons auf die Puffer. Jetzt bin ich wenigstens im Halbschatten. Nach wenigen Augenblicken kommt ein Bahnarbeiter, entdeckt mich, und ich muß türmen. Gott sei Dank ist da freies Gelände hinüber zu einem Parkplatz. Ich haste über die Gleise, springe über den Zaun und bin in Sicherheit.

In einer Kneipe trinke ich einen Kaffee und denke nach. Ich nehme meinen Mut zusammen und gehe ganz normal in den Bahnhof. Wenn mir nur nicht dieser Arbeiter begegnet! Noch will ich die Verabredung in Frankfurt nicht aufgeben und fahre mit meiner gefälschten Karte bis Mannheim, wo der Zug endet. Es ist zwei Uhr nachts, und ich komme nicht mehr nach Frankfurt. Ohne Geld für Getränke hänge ich ein paar Stunden in Discotheken herum. Morgens um fünf geht ein Zug zurück nach Hause.

Von Helmut erfahre ich, daß es ihm gutgeht. Wir beschließen, im Sommer das Ausland zu erobern.

Von allen ungewöhnlichen Erlebnissen, die ich mit Helmut teile, war Klettern sicher noch das Normalste. Wer sonst wäre mit mir zum Güterbahnhof gezogen, mit wem sonst wäre ich lieber gegangen? Wie verrückt auch immer eine Idee war, für Helmut war das nie ein Grund, irgend etwas bleiben zu lassen. Jahre später werden wir unsere alte Leidenschaft für Tischfußball zum ernsthaften Hobby ausbauen. Kickern ist, um den Laien hier aufzuklären, kein Glücksspiel, es ist eher eine Art Hochgeschwindigkeitsbillard. Wir spielen immer in der gleichen Aufstellung, er im Angriff und ich in der Verteidigung. Helmut ist die *Kobra* mit den blitzschnellen Direktschüssen aufs Tor, und ich als weniger virtuoser Techniker sorge hinten dafür, daß der Kasten sauber bleibt. Am Kickertisch in einer anständigen Kneipe herrscht immer ein bißchen Saloon-Atmosphäre: Wer spielen will, muß die Gewinner herausfordern und darf nur dann weiterspielen, wenn er selbst gewinnt, ganz einfach, weil meistens mehr Leute spielen wollen als auf einmal können. Und wer sechs zu null verliert, der ist blamiert und zahlt einen Schnaps, das verlangt der Anstand. Unsere Begeisterung kennt wie so oft keine Grenzen, und ich denke oft an jenen schönen Satz aus *König Alkohol*: »Maßhalten war noch nie meine Stärke.« Manchmal gehen wir schon nachmittags, um alleine am Tisch bestimmte Situationen, Varianten und neue Schüsse zu trainieren. Ein gutes Match liefert Gesprächsstoff auf Tage hinaus, und das obwohl wir manchmal fast jeden Abend spielen. Wir spielen auf Turnieren und fliegen immer in der ersten Runde raus. Und niemals werden wir jenen unvergleichlichen Triumph vergessen, als wir – bereits ausgeschieden – im letzten Spiel einer Vorrunde sensationell mit sechs zu vier ein Team von echten Champions schlagen, die am Ende dritte von über zwanzig Mannschaften werden. Unsere Freunde lächeln, bis endlich auch in unserer Stammkneipe ›Atlantik‹ ein Kicker aufgestellt wird und wir mit stolzgeschwellter Brust vorführen können, wie lange wir manchmal am Tisch bleiben. Die Nachricht von Helmuts Hochzeit nahm ich nicht ohne Bedauern auf, denn seither fehlt mir der eingespielte Partner im Sturm.

Im Juli '85 stehen wir zu dritt mit unseren Rucksäcken an der Auffahrt Freiburg-Mitte und wollen per Güterzug nach Spanien. Ich habe Alberto kennengelernt, einen Basken, natürlich auch er ein Kletterer, der uns in seine Heimat eingeladen hat, und Spanien ist selbstverständlich das ideale Ziel: Süden heißt Wärme, Westen heißt Abenteuer, und Spanien liegt südwestlich. Mit von der Partie ist Oli aus Hamburg, auch ihn kennen wir vom Klettern. Da wir Angst haben, die Grenze per Güterzug zu passieren, fahren wir zunächst per Anhalter nach Mulhouse. Pünktlich zu Einbruch der Dunkelheit lungern wir um den Güterbahnhof herum und beobachten aufmerksam das Rangieren. Wir schleichen zwischen die stehenden Waggons und lesen die Frachtziele, können aber mit den Städtenamen nichts anfangen und haben auch keine Landkarte, wo wir nachschauen könnten. Um ein

Uhr nachts stellen wir fest, daß wir die ganze Zeit statt der abfahrenden die ankommenden Züge belauert haben und die Rangierarbeiten schon wieder aufhören. Frustriert ziehen wir uns zum Schlafen in einen Park zurück.

Der Regen weckt uns morgens auf. Wir packen zusammen, trinken Kaffee und trampen erstmal weiter. Sehr schnell ist man natürlich nicht, wenn man zu dritt mit Gepäck per Anhalter fährt, aber in der Hauptsache geht es auch nur darum, die Zeit bis zum nächsten Güterbahnhof herumzubringen und kostenlos dorthin zu kommen. Am Nachmittag sitzen wir auf einem Bürgersteig des Städtchens Belfort und kochen Nudeln auf einem kleinen Gaskocher. Nudeln mit nichts, das schmeckt grausam, ist aber billig. Gegenüber lockt der Güterbahnhof mit einem Sonderangebot: ein beladener Autoreisezug. Oli flankt über den Zaun und peilt. Auf den Zetteln steht »Calais«, und es ist kein Reisezug, sondern es sind Neuwagen mit dem Steuer rechts, also für England. Calais liegt nicht gerade auf der Strecke nach Spanien, aber vermutlich fährt der Zug über Paris – das ist jedenfalls bei den meisten Personenzügen so. Und Paris ist immerhin nordwestlich, wenn wir rechtzeitig aussteigen, sind wir wenigstens ein Stück weiter nach Westen. Vor allem aber sind wir ungeduldig. Wir wollen es endlich wissen.

Und es klappt wunderbar. Wir steigen hastig-unauffällig über den Zaun, klettern in die obere Etage des Waggons und kriechen unter zwei verschiedene Autos. Dort warten wir ein bißchen, und als wär's nach Fahrplan, fährt der Zug nach zehn Minuten ab. Noch immer unter dem Peugeot 604 Kombi liegend, strecke ich die Hand nach oben, ertaste und drücke den Türgriff, die Tür springt auf und sprengt die Zollplombe, die ich plötzlich in der Hand halte. Gut, daß ich sie nicht gesehen habe, sonst wäre ich sicher zu ängstlich gewesen, die Tür zu öffnen. Aber jetzt ist es egal, wir knacken auch die andere Plombe und setzen uns hinein. Die Nacht ist mild, der Himmel ist weit, und wir sind in der Fremde, sind in Frankreich. Wir fahren in den Himmel, fahren in die Nacht, der dicke Mond lacht müde, aber freundlich, und die Sterne lachen auch und scheinen hell. Der Schlüssel steckt, der Motor springt an, Scheinwerfer, Hupe, Scheibenwischer, alles funktioniert – nur kein Radio. Das wär's natürlich, jetzt Musik.

Die Plastikbezüge auf den Sitzen sind ekelhaft, aber wir lassen sie lieber drauf. Ich habe nämlich die Theorie entwikkelt, daß eine so teure Fracht wie ein paar hundert fabrikneue Autos unter Umständen nonstop bis an ihren Bestimmungsort geliefert wird, und dann hat uns in ein paar Stunden der englische Zoll. Es kann natürlich auch sein, daß wir in Paris aussteigen müssen, und aus der riesigen Stadt kommt man per Anhalter schlecht weg. Vielleicht kann man aber auch nachts auf den Eiffelturm klettern, ein lohnendes Projekt.

Mit dieser Idee, nämlich nachts auf den Eiffelturm zu klettern und dabei Feuer zu spucken, trampt Helmut mit Ingo aus Braunschweig, unserem Partner beim Brückenspringen, ein paar Jahre später nach Paris. Sie scheitern jedoch an der Bewachung. Als Helmut mich an einem Kletterwochenende in der Pfalz erstmals in die Geheimnisse des Feuerspuckens einweiht, rührt er in Ermangelung besserer Zutaten eine Mischung aus Benzin und Speiseöl zusammen. Wir haben einen Riesenspaß, aber am nächsten Tag sind alle ein bißchen krank, wahrscheinlich weil wir einige Tropfen der benzinhaltigen Mischung verschluckt haben.

Ich wandere den endlosen Zug entlang bis vor zur Lokomotive, um zu schauen, ob nicht vielleicht auch ein paar Waggons Richtung Madrid dabei sind. Es sind aber alles Autos mit dem Steuer rechts, alles Autos für Calais. Bei voller Fahrt stehe ich mit Panoramablick oben auf dem ratternden Güterzug, der im Mondlicht in eine langgezogene Kurve biegt, und links und rechts glänzen die Wiesen im nächtlichen Tau. Ich bin dankbar, das hier zu erleben. Dann wandere ich zurück zu unserem Peugeot. Helmut hat sich auf dem Fahrersitz niedergelassen, und wenn wir Ortschaften passieren, kommt er immer aus Versehen an die Hupe oder an den Blinker. Damit die Scheiben nicht von innen beschlagen und auffällig aussehen, drehen wir die Fenster einen Spalt auf.

Wir versuchen, uns zu orientieren. Mit den Sternen klappt es nicht, und die Ortsschilder an den Bahnhöfen rauschen viel zu schnell vorüber. Helmut probiert, die Nummernschilder der Autos zu entziffern, aber das ist natürlich noch viel unmöglicher: Selbst wenn er die maßgeblichen ersten zwei Ziffern auf dem Nummernschild richtig entziffert, wissen wir noch lange nicht, für welchen Ort sie stehen. 74 ist Chamonix, 13 angeblich Marseille und 75 angeblich Paris – der Rest ist Lotto. Die Nacht ist mild, der Himmel ist weit, und wir fahren in den Himmel, fahren in die Nacht, fahren meistens geradeaus. Vor ein paar Stunden noch wußten wir genau, daß wir Richtung Paris fuhren. Aber eigentlich wußten wir schon da, daß das reine Spekulation war. Wißt ihr, Sterne, wo wir sind? Wo fahren wir hin?

Irgendwann übermannt uns der Schlaf. Helmut und Oli kurbeln die Liegesitze runter, und ich lege mich quer auf die Rückbank. Als Oli uns weckt, stehen wir kurz vor einem großen Bahnhof, und es wird gerade hell. Wir steigen aus und irren durch eine große Stadt. Wieder die gleiche Frage: Wo sind wir? Es ist niemand auf der Straße. Helmut findet eine Zeitung, aus der er entnimmt, daß dies hier Metz sein müßte. Dann finden wir einen Kinderspielplatz, auf dem wir erstmal etwas schlafen können, und für ein paar Stunden tiefen Schlummers ist uns egal, wie diese Stadt hier heißt. Ich lege mich in eine kleine Holzhütte, deren Boden ein Rost aus Baumstämmen bildet. Als ich erwache, bin ich wie gerädert. Wieder kramen wir unser Zeug zusammen, stopfen es in die Rucksäcke und schlurfen erschöpft in die nächste offene Kneipe. Ja, es stimmt, wir sind in Metz. Wir sind zweihundert Kilometer genau nach Norden gefahren, drei anstrengende Tage nach unserem Start sind wir weiter von Spanien entfernt als vorher. Helmut wohnt zur Zeit in Saarbrücken – dorthin gibt es eine Busverbindung von hier, eine halbe Stunde, und wir könnten bei ihm ausschlafen. Aber noch geben wir nicht auf.

Wir trampen weiter und kommen bis Verdun, wo wir geschlagene sechs Stunden stehen, ohne daß ein Auto hält. Verdun mit seiner schrecklichen Vergangenheit ist ohnehin kein Ort, an dem man gerne übernachtet. Abends stellen wir fest, daß der kleine Güterbahnhof nicht mehr in Betrieb ist. Wir stromern dennoch ein wenig auf dem Gelände umher. Das ist schon Gewohnheit, diese Streunerei zwischen den Gleisen mit der steten Angst, erwischt zu werden. Wir entdecken einen ausrangierten alten Waggon, dessen Boden Dutzende von Schneckenhäusern bedecken. Die Gehäuse sind alle recht groß, das waren mal Weinbergschnecken. Ich möchte lieber im Freien übernachten als hier drin, aber ich werde überstimmt. Man braucht keine besonders komfortablen Plätze, um gut zu schlafen, aber in solch einer erbärmlichen Atmosphäre wie einem Waggon voller toter Schnecken wird man niemals schöne Träume haben. Ich bin heilfroh, als die Nacht vorbei ist und wir diesen bizarren Friedhof verlassen. Sobald wir an der Straße stehen, werden wir wieder diese riesigen, endlosen grünen Wiesen sehen, auf denen unzählige weiße Kreuze stehen, wie ein Weizenfeld, nur daß die Kreuze für den Tod statt für das Leben stehen und sich nicht im Wind bewegen.

An der Straße stellen wir uns getrennt auf: Ich zuerst, dann Helmut und Oli hundert Meter weiter hinten. Wenn einer hält, muß ich ihn beschwatzen, meine Freunde auch noch mitzunehmen. Klappt das nicht, treffen wir uns heute abend in Troyes, einer größeren Stadt hundertfünfzig Kilometer südöstlich von Paris. Aber es ist zum Verzweifeln, es hält einfach keiner. Viel Verkehr ist nicht, und in der Hitze am Horizont flimmern die Kriegsgräber. Gegenüber von uns, in der Nähe einer Tankstelle, steht ein alter verstaubter Citröen DS, eines dieser rollenden Sofas aus den siebziger Jahren. Gestern stand er auch schon dort. Oli geht hinüber. »Der Wagen ist nicht abgeschlossen«, sagt er. Diesmal ist es Helmut, der überstimmt wird: Falls wir heute abend, wenn es dunkel wird, immer noch hier stehen, wollen wir versuchen, den Wagen zu klauen. Gott sei Dank hält dann doch noch einer, und Oli, der später schlimm auf die schiefe Bahn gerät, beginnt seine Karriere als Autodieb ein knappes Jahr später. Zwölf Stunden sind wir hier insgesamt gestanden, gestern sechs und heute nochmal sechs, so lange wie keiner von uns jemals vorher.

Im Lauf des Tages trennen wir uns doch noch und treffen uns wie verabredet in Troyes. Seit unserer Abfahrt aus Deutschland herrscht schönes, heißes Sommerwetter, doch allmählich zehren die Herumtreiberei und die miserable Ernährung von Keksen und Nudeln an der Substanz. Am hellichten Tag marschieren wir jetzt auf das riesige Gütergelände von Troyes. Helmut hat den Kocher verloren – er muß ihm durch das große Loch in seinem Rucksack gerutscht sein, das er sich dort einmal hineingesengt hat. Wie kann man auch nur mit einem doppelt faustgroßen Loch im Rucksack verreisen!? Er und Oli wollen die heutigen Nudeln auf einem Holzfeuer kochen und sammeln schon mal kleine Stücke Abfallholz, Papier, Pappe sowie Steine als Untersatz für den Topf. Ich wette mit ihnen, daß sie das Wasser niemals zum Kochen bringen werden und verliere. Wenn ich uns und dies dreckige kleine Feuerchen betrachte, ringsum Staub und Rost, bin ich mir nicht mehr recht sicher, worin genau der Unterschied zwischen uns und richtigen Pennern besteht. Wir haben uns seit einer Woche nicht gewaschen und nicht rasiert, schlafen in Parks und unter Brücken und haben häufig Angst vor der Polizei. Ach ja, wir machen das freiwillig, und wir haben in Deutschland unsere Zimmer, für die wir Miete bezahlen. Manchmal scheint mir, wir kokettieren hier aus Scherz mit dem sozialen Absturz, was mich ängstigt, denn oft weiß ich wirklich nicht, was »später« aus mir werden soll.

Noch nirgendwo haben wir solche Unmengen an Güterwagen und so ein riesiges Güterbahngelände gesehen. Aber auch später am Abend tut sich nichts. Es wird weder rangiert, noch

fahren Güterzüge ab oder treffen ein. Ein einziger müder
Gleisarbeiter schreitet einmal die Gleise ab, sonst regt sich
nichts, gar nichts. Ohne Hoffnung marschieren wir durch
endlose Kolonnen von Waggons, und irgendwann geht Oli
alleine weiter. Wie er später zu unserem Treffpunkt zurück-
kehrt, mit dem tief in die Stirn gezogenen Piratenkopftuch, ist
er mir zum ersten Male richtig unheimlich.

Auf diesem merkwürdigen Bahnhof könnten wir uns wohl
tagelang auf irgendwelchen Waggons verstecken, bevor wir
irgendwohin fahren würden. Dabei sind die meisten Waggons
mit Ware beladen. Es macht keinen Sinn, hier noch weiter
herumzumarschieren, und unser Elan ist allmählich dahin.
Trampen und Klettern, unsere gewohnten Beschäftigungen
während des Urlaubs, sind nicht halb so anstrengend wie dieses
elende Lungerleben. Wir verlassen das Gelände und schlafen
unter einer Brücke der nahegelegenen Autobahn.

Am Morgen steht der Entschluß fest: Wir werfen das
Handtuch. Wir trampen ganz normal nach Spanien, so wie
jeder andere normale Mensch auch. Wir trennen uns wieder
und verabreden uns für den nächsten Tag in einem Ort südlich
von Bordeaux an der Atlantikküste. Eigentlich hatten wir das
Trampen als Reiseform reichlich satt gehabt, nicht zuletzt, weil
wir alle das schon so lange machen. Aber jetzt wieder bei
schönem Wetter an der Straße stehen und sich überraschen
lassen, allein und also mit besten Chancen auf einen raschen
Weg, es ist einfach königlich.

Ich komme vorerst langsam, aber stetig vorwärts. Doch ich
bin an der Landstraße und nicht mehr an der Autobahn. Wenn
es langweilig wird, gehe ich eben ein Stück zu Fuß, einen Halm
zwischen den Zähnen und pfeif mir eins. Die Umgebung ist
wundervoll, verschlafene Dörfer und blühende Felder unter
einer uns alle liebenden Julisonne. In kleinen Sprüngen von
zwanzig, dreißig Kilometern durchquere ich die Champagne
und habe keine Eile. Ich gönne mir ein Bad im Fluß und sogar
den Luxus einer warmen Mahlzeit im Restaurant. Der Fahrer

eines klapprigen Lieferwagens erzählt, ein völlig unbekannter Siebzehnjähriger aus meiner Heimat habe Wimbledon gewonnen. Als ich aus dem Lieferwagen steige, bin ich an der Autobahn. Dankbar winke ich dem Fahrer nach, der extra einen kleinen Umweg für mich gemacht hat.

Hier rollt der Verkehr in einer anderen Lautstärke, und allein dieses Geräusch wäre genug, um altes Fernweh zu wecken. Doch jetzt das Fernweh noch wecken wollen, das hieße offene Türen einrennen. Ich hole mir ein paar Maiskolben aus dem Feld neben der Auffahrt, und weiter geht's. Ich komme sogar noch bis kurz vor Bordeaux, wo ich in einer Wiese schlafe und die Sterne zähle. Weit planmäßiger als zu erwarten war, treffe ich mich mit Helmut an der Atlantikküste. Oli ist nach Deutschland umgekehrt.

Nach ein paar Tagen Klettern irgendwo zwischen Pamplona und Saragossa fahren wir nach Vitoria ins Baskenland, wo wir begeistert in einem unwahrscheinlichen Sumpf von Nachtleben versinken. Daß Alberto, auf dessen Einladung wir hier sind, noch nicht zurück ist, weil er noch mit einem Freund von uns, mit Martin aus Freiburg, die Eiger-Nordwand gemacht hat, spielt keine Rolle. Wir sind seine Freunde und obendrein ebenfalls Kletterer, und alle trinken mit uns. Das hat zwar nichts mehr mit dem Schienenstrang zu tun, aber es gibt unserem Trip einen wahrhaft berauschenden Abschluß.

Vielleicht war es ja nur eine einmalig blöde Aktion. Aber einmalig war es schon. Wenigstens für uns.

# In Peru

## Nichts ist unmöglich

Nach einer behüteten ersten Woche bei Familie Gálvez in Lima kaufte ich eine Karte nach Cajamarca, das lag im Norden des Landes. In dem riesigen Busbahnhof mit seinen dreißig, vierzig Bahnsteigen warteten jede Menge Leute, jeder Bus hatte Verspätung, meiner auch. Leute kamen, Leute gingen, fliegende Händler im Alter zwischen fünf und siebzig verkauften Zeitungen, Obst, Zigaretten, Kaugummis. Ich hatte viel über Diebstähle gehört und blieb ängstlich auf meiner Tasche sitzen. Wenn ich stand, behielt ich sie zwischen den Füßen. Kleine Stadtrucksäcke waren bei den Einheimischen genauso in Mode wie bei uns, mit dem kleinen, aber feinen Unterschied, daß man sie in Lima aus Furcht vor Taschendieben nach vorn über den Bauch trug. Vor den Taschendieben waren Peruaner und wir *Gringos* so gleich wie vor dem Herrn.

Ein Junge fragte mich nach dem Bus nach Ayacucho. Nach der Antwort und einem kleinen Schritt in seine Richtung war meine Tasche weg, der Junge natürlich auch. Meine eigentlichen Wertsachen lagen, ebenso wie die Bergausrüstung, die ich später brauchen würde, in Sicherheit bei Familie Gálvez im Stadtteil San Miguel. Bei Licht betrachtet, war der Verlust durchaus zu verschmerzen, und immerhin, geklaut werden konnte mir nun nichts mehr. Auf der Straße kaufte ich einen Pullover für die kühle nächtliche Reise und fuhr ab.

Cajamarca lag wunderschön auf der Hochebene im Landesinneren, rund sechshundert Kilometer nördlich von Lima. 1533 war die Stadt Schauplatz eines berühmt gewordenen Geiselmordes, von dem ihr eine traurige Attraktion geblieben war, die man noch besichtigen konnte: das Lösegeldzimmer. Pizarro, Analphabet und vor seinem Aufstieg zum Konquistador Schweinehirt in Andalusien, hatte den Inka Atahualpa gefangengenommen und verlangte als Lösegeld das Zimmer eines Hauses bis unter die Decke mit Gold gefüllt. Atahualpa hielt während der Gefangenschaft Kontakt nach außen und ließ seinen Bruder umbringen, weil er fürchtete, die Spanier könnten ihn als Gegenkönig einsetzen. Seine Untertanen schafften – was die Spanier nicht für möglich gehalten hatten – die ungeheure Menge Gold herbei. Pizarro nahm das Gold und ließ Atahualpa hinrichten. Bereits auf dem Scheiterhaufen stehend, nahm Atahualpa das Christentum an, und der irdische Lohn ließ nicht auf sich warten. Man erließ ihm den Scheiterhaufen, er wurde erwürgt. Pizarro heiratete später eine der Töchter Atahualpas. Geschichten, wie sie das Leben schreibt.

Im South American Handbook, dem Baedeker der Rucksacktouristen, stand etwas von einer geheimnisumwitterten Bergfestung, errichtet von einer unbekannten, möglicherweise hellhäutigen Rasse zum Schutz gegen die Inkas. Kurz vor Ankunft der Spanier wurde sie von den Bewohnern aufgegeben oder von den Inkas erobert. Angeblich gab es dort Kerkerzellen mit Knochenresten von Menschen und Raubtieren, und zwischen den blühenden Bergurwaldpflanzen, die die Ruinen bedeckten, lagen noch zahlreiche Totenschädel. Gewalt in Südamerika, eine Erfindung der Spanier war das nicht. Die Anlage galt als nicht annähernd so prächtig wie Machu Picchu, war aber kaum erforscht. Die Ruinen lagen oberhalb von Tingo Maria an der Straße nach Chachapoyas, und all das lag noch nördlich von Cajamarca.

Die Busverbindung endete in Celendin, einer reizlosen Kleinstadt in der Mitte von Nirgendwo. Etwa die Hälfte der rund zwanzigtausend Einwohner lebte in Wellblechhütten, es gab keine dieser prachtvollen Kolonialbauten mit ihren zum Verlieben schönen Innenhöfen wie in Cajamarca oder sonst überall, es gab nichts zu sehen, nichts zu erleben, wenn man von dem üblichen verwirrenden Treiben auf dem Markt einmal absah. Es gab zwei Busse nach Chachapoyas, und die fuhren beide am gleichen Tag in knapp einer Woche.

Ein deutsches Pärchen und zwei junge Franzosen stiegen im gleichen Hotel ab, auch sie wollten zu diesen Ruinen. Wir begannen, in der Stadt nach Lkws zu recherchieren. Man schickte uns mit todsicheren Tips und besten Wünschen kreuz und quer durch den Ort, mal zu einem bestimmten Schuhmacher, der ganz sicher morgen nach Norden fuhr, mal zu einer bestimmten Uhrzeit am frühen Abend an die Plaza de Armas, vergebens, witzlos, es fuhr niemand nach Norden. So vergingen drei Tage, und die Franzosen, seit einem dreiviertel Jahr in Südamerika unterwegs, obwohl sie kein einziges gutes Wort für Länder und Leute übrig hatten, gaben auf und nahmen den Bus zurück nach Süden. Der abwegigste der todsicheren Tips war schließlich der, am Morgen um sechs Uhr an einem Denkmal zu warten. Lkws würden dort nach Mitfahrern Ausschau halten, bevor sie starteten. Da das Mitfahren bei Lastwagen eine Kleinigkeit kostete, klang das beinahe plausibel, und so fanden sich drei deutsche Rucksacktouristen frierend in der Dunkelheit an dem Denkmal ein. Einheimische gingen zu Fuß zur Arbeit, es wurde hell, kein Lastwagen kam, nicht mal ein normales Auto.

Später, auf der Hauptstraße, kam ein Lkw, und der Fahrer, der irgendwo von uns gehört hatte, sprach uns an. Er fuhr nach Balsas, dem ersten Dorf jenseits des Passes, holte dort Ladung ab und fuhr am Abend zurück. Die Fahrt würde vier Stunden dauern. Wenn wir in Balsas keinen Anschluß nach Norden fanden, konnten wir mit ihm zurück. Es war einer dieser Uralt-Laster, die aussahen, als ob sie einen freien Fall aus dreißig Meter Höhe überstehen würden und vielleicht auch schon einen hinter sich hatten: angeschlagen, aber mit einer Aura von Unsterblichkeit, halb ein Panzer und halb eine Arche Noah. Die Ladefläche war mit nach oben offenen Holzgittern umgeben, die hinten zum Beladen geöffnet werden konnten. Auf dem Dach der Fahrerkabine war eine große, flache

Holzkiste mit Werkzeug, Reservereifen und ähnlichem befestigt. Wir standen auf der Ladefläche und hielten uns fest, während der Wagen von Schlaglöchern geschüttelt wurde wie das Land von den Wirtschaftskrisen. Sonnenbrillen schützten ein wenig vor dem Staub, und wenn es schlimmer wurde, banden wir uns Halstücher vor Mund und Nase. In einer Ecke waren eine Brechstange und ein weiterer Ersatzreifen festgekettet, die im Takt der ausgeschlagenen Blattfedern auf die hölzerne Ladefläche schlugen. Die Verständigung fiel schwer bei dem Lärm, aber draußen gab es viel, so viel zu sehen. Als Kind war ich oft bei Bergbauern in Tirol auf den Heuwagen mitgefahren und später auf den Jeeps, die sie sich kauften. Der Fahrer sprach zwar keinen Tiroler Dialekt, aber katholisch war er auch und hatte auch ein Kruzifix am Rückspiegel hängen. In Peru gab es noch mehr Kruzifixe als in Tirol, und überall, in Wohnungen und Läden, hing das Foto des Papstes, durchaus auch neben nackten Pin-up-Girls. Er wirkte toleranter hier, der Heilige Vater.

In endlosen Kehren zog die Straße den knapp viertausend Meter hohen Paß hinauf, der Blick reichte immer weiter hinaus auf die grüne Ebene, aus der wir kamen, während der Bewuchs ringsum allmählich magerer wurde. Die Rückseite des Passes bildete die westliche Flanke des mächtigen Kerbtals des Rio Marañon. Im Leeschatten der vom Pazifik kommenden Winde gelegen, blieb der Hang ohne Regen, staubig und trocken. Kakteen mit mörderisch langen Dornen wuchsen zehn, fünfzehn Meter hoch in phantastischen Formen.

Bergab ließ der Fahrer es laufen, und wir hielten uns mit vollen Kräften und höchster Konzentration an den Holzverstrebungen fest. Ich fragte mich, wie der Fahrer noch lenken konnte, wenn der Wagen diese Sprünge vollführte. Eine Mischung aus Buckelpiste und Autoscooter. Ich fuhr ein Stück vorn auf dem Beifahrersitz und bekam eine todsichere Information. Der Bruder des Fahrers sei heute drei Stunden später als wir ebenfalls in Celendín Richtung Balsas gestartet und würde von dort direkt nach Tingo Maria weiterfahren. Seine Brüder und er besäßen sämtliche Lkws von Celendin, die einzigen Lkws, die diese Straße fuhren. Solche Tips hatten wir schon viele gehört.

In Balsas angekommen, einem Dorf von dreißig oder vierzig Häusern, fanden wir uns nach der endlosen Fahrt den wüstenartigen Hang hinab mit einem Mal am Rande eines Urwalds wieder. Eine kleine Bar hatte ihre Stühle im Sandstrand des Rio Marañon stehen. Palmen, Mangobäume, Bananenstauden und anderes tropisch dichtes Grünzeug wuchs von beiden Seiten an den breiten, rasch und gleichzeitig behäbig strömenden Fluß heran. Die Szene und der Ort strahlten Ruhe aus. In Balsas konnte man sicher drei, vier, fünf Tage lang bleiben, ohne das Bedürfnis zu verspüren, man müsse irgend etwas unternehmen oder sich mit irgend etwas beeilen. Man würde spät aufstehen, Avocados, Kaffee und einen *jugo*, einen angedickten Fruchtsaft, frühstücken und mit der Wirtin plaudern. Sie würde dich fragen, wo du herkommst, und du sagst ›Deutschland‹, und sie würde vielleicht eine von diesen Fragen wie »Ist es nicht kalt in Rußland?« stellen, denn vielleicht kennt sie den Unterschied nicht. Oder sie würde nach der Mauer fragen. Von Deutschland wußten die einfachen Peruaner zwei bis drei Dinge: Hitler, die Berliner Mauer und vielleicht noch Beckenbauer. Und wenn sie etwas erfahren wollten, dann über die Berliner Mauer. Viele wußten nicht mal, daß zwei Deutschlands existierten, aber die Mauer – »Gibt es die noch?« Vielleicht war es ihr ausgeprägter Familiensinn, der die Vorstellung einer geteilten Stadt so unvorstellbar machte. In Balsas würdest du den halben Tag vor der einzigen Bar sitzen und den Leuten zuschauen, wie sie über die Straße gingen. Du würdest ein Mädchen sehen und hören, daß sie mit dem Sowieso zusammen ist. Abends würde es schwül sein, du würdest Bier trinken, besoffen zu den Sternbildern der südlichen Erdhalbkugel hinaufstarren und dich für glücklich halten. Du würdest beiläufig an die Malaria denken, hoffen, daß die Tage in Balsas noch lange dauern und am nächsten Morgen weiterreisen.

Der Marañon war einer der Quellflüsse des Amazonas. Mit einem guten Floß und entsprechenden Kenntnissen konnte man sich vielleicht von hier bis an die Küste Brasiliens treiben lassen und unterwegs mit Glück ein paar Stromschnellen überleben. Die Idee erschien wesentlich vernünftiger, als in zwei Wochen zum hundertsten Mal irgendwelche Berge zu besteigen, genau wie daheim in Europa. Wir bestellten *jugos* und leerten sie langsam. Wir waren über einen Gebirgspaß gerumpelt und saßen plötzlich unter Palmen an einem Flußstrand und dachten an den Amazonas, an Brasilien. Ob es im Marañon Piranhas gab? Kaimane?

Nach etwa einer halben Stunde kam tatsächlich der Lkw. Tatsächlich steuerte ihn der Bruder unseres Fahrers, und tatsächlich fuhr er direkt weiter bis nach Tingo Maria, das waren noch einmal sechzehn Stunden. In Peru passiert immer genau das, was du nicht erwartest.

Zwei weitere junge *Gringos* stiegen von der Ladefläche, ein Österreicher und ein Waliser mit dem gleichen Ziel: Tingo Maria. Wir hatten sie nicht übersehen in Celendin, sie waren dort heute erst angekommen. Ihr Lkw hatte unserem zwei Stunden abgenommen und die Zeit bergab gutgemacht. Ein Bremskreis des Wagens funktionierte nicht, so daß immer ein Hinterrad blockierte und das andere überhaupt nicht bremste. »Das war nicht zum Spaßen«, meinte der Österreicher, und die Vorstellung, daß ein Lkw trotz defekter Bremsen dort noch schneller heruntergefahren sei als der, mit dem wir gekommen waren, war in der Tat furchteinflößend.

Auch die östliche Seite des Marañon-Tales, diese allerdings fruchtbar und dicht bewachsen, stieg auf über viertausend Meter an, und die Straße mit ihr. Die Aussicht von der Ladefläche hinaus aufs Tal mit all seinen verschiedenen Vegetationsstufen zwischen wenigen hundert und viertausend Metern über dem Meer war beeindruckend. Auch der Österreicher und Roy aus Wales, schon fast seit einem dreiviertel Jahr und die letzten Wochen gemeinsam in Südamerika unterwegs, standen fast ununterbrochen, um nichts zu verpassen. Manchmal sah man noch in meilenweiter Entfernung zu dieser Straße, die wöchentlich sicher nicht mehr als fünf Autos passierten, die Felder entlegenster kleiner *fincas* auf der Hochfläche. Die Ertragsgrenze war durch den Einsatz von Kunstdünger zweifellos sehr weit nach oben verschoben worden. Ohne ärztliche Versorgung, ohne Strom und ohne Schulen führten die *campesinos* dort nicht gerade ein rosiges Leben, entgingen aber dem Bevölkerungsdruck der Ebenen, ohne in den Acht-Millionen-Moloch Lima abzuwandern. Die Kindersterblichkeit in Peru war die höchste von ganz Lateinamerika, und die Babys starben gewiß häufiger am schmutzigen Wasser in den Slums von Lima als am schmutzigen Wasser in einer ärmlichen *finca* im Altiplano. Auf dem Altiplano war immerhin die Luft sehr sauber.

Immer wieder fuhren Bauern kurze Strecken mit und transportierten Teile ihrer Ernte oder ein Dutzend Schafe. Die dicken schwarzen Gummisandalen, die sie trugen, bestanden keinesfalls aus alten Autoreifen, wie die meisten Ausländer glaubten. In Peru wurde kein Reifen, der so dick wie diese Sandalen war, aussortiert. Neu waren die Sandalen etwa drei Zentimeter dick, viele waren aber nur noch ein paar Millimeter stark und hatten vermutlich die Entfernung Paris – Dakar mehrfach an den Füßen ihrer Besitzer zurückgelegt. Zwischendrin hielten wir an der einen oder anderen *finca*, und der Fahrer nahm Bestellungen für Einkäufe in Chachapoyas auf, während Kolibris vor blühenden Büschen leise brummend in der Luft standen. In ein paar Tagen würde der Lastwagen mit den Bestellungen zurückkommen.

Roy und der Österreicher rauchten einen Joint. Kurz darauf, es war längst dunkel, hielten wir vor einem Gasthaus in einem kleinen Dorf. Auf einem Baum, dessen Äste neben dem Lkw hingen, saßen ein paar magere, staubige Truthähne mit ihren roten Beuteln am Hals im Lichtschein der Kneipe. Hinter dem Gebäude tuckerte ein Generator. Roy, der in London als Motorradkurier arbeitete, starrte sie mit seinen roten Kaninchenaugen an und war begeistert. »Strange chickens!«, staunte er, »really strange chickens!«

Nach dem gemeinsamen Abendessen mit dem Fahrer wurde es kälter, wir saßen wieder auf der Ladefläche, fuhren noch immer Richtung Tingo Maria. Mein Gepäck bestand mittlerweile aus einem zweiten Pullover, Rasierzeug und einer großen blauen Wolldecke, was ich alles in einem jener kräftigen schwarzen Plastiksäcke verstaut hatte, in denen sonst landwirtschaftliche Güter wie Saatgut oder Kunstdünger transportiert wurden. Die Indios benutzten die gleichen Säcke für ihre Habseligkeiten, so daß mein Gepäck nicht länger als das eines Touristen zu erkennen war. Ich holte die Decke hervor, kauerte mich zu den anderen in eine Ecke und versuchte zu dösen. Ich sah hinauf zum Himmel, wo ich wahrscheinlich noch in zehn Jahren vergeblich nach dem Großen Bären suchen würde. Die Schlaglöcher waren immer noch dieselben, und wenn ich einschlief, schlug ich mit dem Kopf gegen die Bretter. Kühle Stunden zwischen Tagträumen und Halbschlaf.

Nach Mitternacht erreichten wir Tingo Maria, ein hübsches, verschlafenes, winziges Städtchen. In der proportional dazu winzigen Herberge, an die der Besitzer stolz ›Hotel‹ gepinselt hatte, waren die Fußböden aus Lehm; an der staubigen Hauptstraße prangte ein Riesenplakat mit einem glücklichen Bauern und seiner Pestizidspritze. Willkommen in der Dritten Welt.

Nach dem Besuch der Ruine fuhr ich mit Roy und dem Österreicher weiter nach Chachapoyas, wo sich Ausländer bei der Anti-Drogenpolizei PIP melden mußten. Teile der Provinz wurden von Guerilla und Drogenmafia kontrolliert, und die PIP galt als Elite des peruanischen Polizei- und Geheimdienstwesens. Als der Beamte der PIP mir meinen Paß zurückgab, fragte er freundlich, ob ich Amerikaner sei. Vermutlich konnte er nicht lesen.

Zwei Wochen später trafen Jörg und seine Freundin Monika mich in Huarás, Ausgangspunkt für die Gipfel der Cordillera Blanca und wichtiges touristisches Zentrum. Huarás lag auf dreitausend, die Gipfel zwischen fünf- und sechstausendachthundert Meter. Erst einmal mußte man sich vernünftig akklimatisieren, ansonsten gab es nicht viel zu tun. Wir liefen den Santa-Cruz-Treck und bestiegen einen einfachen Fünftausender, das war vorläufig alles. Jörg und Monika waren eben in Peru angekommen, und ihre Bäuche reagierten noch empfindlicher auf die einheimischen Bakterien als meiner. Namentlich Jörg erwischte es oft und häufig. Ich zog in die Discotheken, und die Zeit verflog mühelos. Man verabredete sich täglich mit Einheimischen und anderen Touristen, fuhr mit dem Bus über ein paar Dörfer ins Schwimmbad, ging zum Essen und abends zum Tanzen. Nach zehn Tagen merkte ich, daß die Uhr, die ich in Lima gekauft hatte, eine Stunde falsch ging. Das war sie, die berühmte *hora Peruana*, das peruanische Zeitgefühl. Wenn du glaubst, die anderen kommen eine Stunde zu spät, ist das keine Überraschung, und nach einer halben Stunde bist du ja vielleicht längst gegangen und hast jemand anderen getroffen. Auch die Ausländer, die man kennenlernte, adaptierten die *hora Peruana*. Uhrzeiten waren schwierig vorhersehbare Ereignisse.

Es tat mir leid um Jörg, aber im Grunde meines Herzens grämte es mich nicht, daß wir nicht hinaus in die Berge kamen. Das Leben war süß, die Peruanerinnen auch, und wir hatten viel Zeit. Die Nächte im »Tambo« waren wundervoll. Es wurde immer paarweise getanzt; allein bleiben und sich langweilen war unmöglich. Am Anfang spielte meistens eine Folkloregruppe, dann lief Salsa und nach Mitternacht Rockmusik. Wenn du ein bestimmtes Lied hören wolltest, schicktest du zwei oder drei möglichst gutaussehende Mädchen mit deinem Musikwunsch zum DJ, und das Stück kam garantiert. Irgendwann kannte man sich, die einheimischen und die anderen Stammgäste, ein beständig fluktuierender internationaler Mitternachtsstammtisch. Zwischen den Tischen und Sitzecken, die rund um die quirlende Tanzfläche postiert waren, standen niedrige Mäuerchen, und nicht selten standen auch auf den Mäuerchen Leute und tanzten. Möglicherweise unterstützte das ganze Gehüpfe in der auf dreitausend Meter gelegenen Discothek ja auch die Akklimatisation. Namentlich die schnelle »Huayno«-Folkore mußte da eigentlich etwas bringen, doch es bleibt eine Frage für Spezialisten, inwieweit die genossene Menge Alkohol diese Chancen wieder zunichte machte. Auf jeden Fall kamen viele Europäer nach Huarás, um die leichten Sechstausender über die Normalwege einzusammeln, aber im »Tambo« traf man viele, die waren so gut akklimatisiert, daß sie überhaupt keine Berge mehr bestiegen. Ein englischer Kletterer ging mit einer Peruanerin, und er sprach genauso bemerkenswert wenig spanisch wie sie englisch.

»So, how do you handle it with the girl?« fragte ich ihn.

»Oh«, sagte er, »it's just bodylanguage.«

Jörg und Monika stiegen auf den Alpamayo, während ich zur gleichen Zeit bei einem Alleinbegehungsversuch am Huandoy scheiterte. Dann war die Zeit reif für unser Hauptprojekt, den Nevado Cayesh. Dieser von allen Seiten steile und schwierige Gipfel war erst viermal bestiegen worden, interessanterweise jedesmal über eine andere Route. Wenn möglich, wollten wir ebenfalls eine neue Route eröffnen, in der Hauptsache ging es uns jedoch darum, den 5721 Meter hohen Gipfel überhaupt zu erreichen. Wir fuhren mit einem Jeep bis zu einem Dorf von vier oder fünf Häusern am Eingang des Cayesh-Tals, wo Jaime, unser *arriero*[2], mit den zwei Mulis wartete. Wir liefen das lange, flache Tal hinein, eine wunderschöne Wanderung und Gelegenheit zum Auskatern nach einer langen Nacht, und bogen in ein Seitental ab, um dort das Zelt aufzuschlagen. Am nächsten Morgen stiefelten wir noch zwei Stunden mit riesigen Rucksäcken hinauf auf den Gletscher und stellten vis-à-vis zur Cayesh-Westwand das Zelt auf. Jaime trug ebenfalls eine Last. Wir zahlten ihn aus und verabschiedeten uns. Der Berg sah großartig aus, aber ohne unseren *arriero* hätten wir ihn gar nicht gefunden.

Den restlichen und den ganzen nächsten Tag hatten wir für eine möglichst präzise Tourenplanung reserviert. Es gab keine Informationen über die Wand, wir wußten auch nicht, wie hoch sie war. Von hier aus konnten wir mit dem Höhenmesser und der Gipfelhöhe auf eine Wandhöhe von etwa fünfhundert Metern kalkulieren. Wir hatten fast die gesamte hardware, die wir besaßen, heraufgeschleppt, um hier an Ort und Stelle das Material für die noch festzulegende Route zu sortieren. Die Sonne brannte in den kleinen Kessel aus Eis und Schnee, in dem unser Zelt stand, und wenn wir nicht gerade draußen saßen und zum zehnten Mal die Karabiner zählten, flüchteten wir vor den sengenden Strahlen ins Zelt, an dem wir wegen der Hitze die äußere Plane entfernt hatten. Durch Jörgs Teleobjektiv entdeckten wir eine schöne, logische und sichere Linie im rechten Wandteil. Wir wollten über die Rampen der Italienerroute einsteigen, nach links in eine Reihe von Verschneidungen und kleinen Eisfeldern abzweigen und knapp rechts des Gipfels zum Grat aussteigen. Als Abstieg kam nur Abseilen über die Aufstiegsroute in Frage. Wir würden in zwei Tagen den Gipfel erreichen und vermutlich nochmal im Abstieg biwakieren, bevor wir unser Zelt auf dem Gletscher wieder erreichten. Das war der Plan.

Die italienische Route vermied den steilen Hauptteil der Wand und stieg sehr früh auf den Grat aus. In den Anden sind die Grate wegen der steileren Sonneneinstrahlung jedoch so stark verwächtet, daß man sie besser meidet. Die Wächten formen sich nicht wie in den Alpen nur nach einer Seite, sondern häufig nach beiden und bilden riesige Pilze. Sie bestehen aus stark luftdurchsetztem, weichem Schnee. Man kann in Fels und Eis fast überall hinaufkommen, aber Schnee kann unmöglich sein.

Am ersten Tag kletterten wir bis auf zwei Drittel Wandhöhe und stießen pünktlich zur Dämmerung auf den einzigen brauchbaren Biwakplatz. Wo eine überhängende Felsstufe aus einem Schneefeld aufstieg, tieften wir den vorhandenen kleinen Graben zwischen Fels und Schnee ein wenig aus und lagen so etwas beengt, wie in einem Kajak, aber sehr bequem. Und wir hatten einen prima Blick hinaus. Zwei oder drei Kondore kreisten weit draußen in großer Höhe. Über den Sattel am Ende des Seitentals, durch das wir gekommen waren, zog angeblich eine alte Inkastraße, und aus dieser Zeit stammt angeblich auch der Name »Cayesh«, der soviel wie »Ruf« bedeutet. Kilometerangaben kannten sie damals nicht, die Entfernungen maß man in der Menge Cocablättern, die die Meldegänger zwischen zwei Punkten verbrauchten. Etwa von dem Sattel aus mußte die Postkarte aufgenommen worden sein, auf der der Cayesh so steil und spitz aussah wie ein aufrecht stehender Schraubenzieher.

Mir hatten schon immer die alten Griechen imponiert, die wegen einer schönen Frau allein drei Kriege um Troja führten. Ich fand, das hatte Stil.

»Was meinst du Jörg, ›Vierter Trojanischer Krieg‹ – das wäre doch ein klasse Name!?«

»Noch sind wir nicht oben. Und wieder unten noch lange nicht.«

Am nächsten Morgen ließen wir fast alles im Biwak zurück und starteten früh Richtung Gipfel. Jörg führte noch zwei schwierige Felslängen, dann kamen wir auf den Grat. Es konnte nicht weit zum Gipfel sein, aber der Grat war scharf und steil wie der First eines Kirchendaches. Nach beiden Seiten ging es sechzig, siebzig Grad steil hinunter, und der Schnee war weich und trügerisch. Da man in diesem weichen Material auch mit einem vergrabenen Pickel keinen zuverlässigen Fixpunkt schaffen konnte, blieb als einziges Sicherungsmittel das Körpergewicht. Ich stapfte und wühlte mich einen steilen Grataufschwung voraus und hielt Jörg stets auf dem Laufenden, auf welche Seite des Berges ich jetzt bei einem Sturz fallen würde. Jörg gab das Seil knapp aus und hielt sich bereit, auf der anderen Seite hinabzuspringen und mich mit seinem Gegengewicht zu halten.

Aber ich fiel nicht, so mußte er auch nicht springen. Die letzten zwanzig, dreißig Meter zum Gipfel waren leicht, so daß die Vorfreude sich noch einmal richtig aufbauen und dann mit einigen mächtigen Freudenschreien entladen konnte. Der höchste Punkt war schmal und spitz, und hätten wir uns noch heftiger umarmt, wir wären sicher abgestürzt. Aber wieder unten am Zelt waren wir noch lange nicht, und zum Abstürzen gab es noch Gelegenheit. Wir stapften den Grat zurück zu der Stelle, wo wir ausgestiegen waren und bereits eine Abseilstelle eingerichtet hatten. Ich hielt die zwei kurzen blauen Schlingen, die in die gut sitzenden Haken geknotet waren, aus unerfindlichem Grund für *eine* lange und fädelte das Seil auf merkwürdige Weise falsch. Ich hing bereits im Seil, zehn Meter tiefer, als Jörg es bemerkte und die Situation mit einer Expreßschlinge entschärfte. Die fatal falsche Konstruktion hielt vermutlich nur deshalb, weil die Seile naß waren und nicht so leicht rutschten. Wenn ich mit beiden Seilen, die wir mitführten, die fünfhundert Meter bis zum Gletscher abgestürzt wäre, hätte Jörg im Grunde genommen gleich hinterherspringen können, denn ohne Seile wäre er unsere Route wohl kaum heruntergekommen. Nach überstandenem Schrecken seilten wir weiter ab zu unserem Biwak, wo unsere Schlafsäcke und das andere Zeug lagen. Wir hatten noch Zeit, strichen das zweite Biwak, seilten weiter ab und kamen am frühen Abend zum Zelt. Zum zweiten Mal innerhalb weniger Monate hatten wir unser persönliches und gemeinsames Limit »Das-war-die-schwerste-Tour-meines-Lebens« gesteigert und würden sogar einen Tag früher wieder in der Disco sein, welch gelungene Aktion. Erstmal froren wir jedoch erbärmlich, weil unsere Schlafsäcke noch naß vom Biwak waren. Am Morgen tränkten wir eine Klopapierrolle mit Benzin und brannten sie als Freudenfackel ab. Wir waren stolz, stolz, stolz und richtig glücklich.

Dann begann die Schlepperei. Das meiste Material aus der Tour war naß und entsprechend schwer, dazu kamen das Zelt und die hardware, die wir nicht mitgenommen hatten. Im Basislager lagen noch unsere Vorräte an Brennstoff und Essen, die wir für einen eventuell nötigen zweiten Versuch als Reserve deponiert hatten. Wir brauchten etwa eine Stunde, um die insgesamt vier Rucksäcke zu zwei transportfähigen Gepäckstücken zusammenzuschnüren. Wir kochten noch ein paar Nudeln, dann zogen wir mit unseren Vierzig-Kilo-Rucksäcken heimwärts Richtung Huarás. Ich konnte mich nicht entsinnen, jemals einen so schweren Rucksack getragen zu haben. Ich kaute Coca-Blätter, die auf Beine und Lungen wirkten wie Kaffee aufs Gehirn, und lief damit zeitweilig sogar ein wenig schneller als Jörg. Das hatte es noch nie gegeben. Wir spurteten in Etappen von einigen hundert Metern, lehnten uns mit dem Rucksack auf einen Felsen, verschnauften, jammerten und eierten weiter. Aber die Schlepperei war nurmehr ein Stück mechanische Arbeit, mühselig, aber unproblematisch. Das Fest war gefeiert, jetzt mußte man aufräumen, und auch das würde nicht mehr lange dauern. Hinter uns leuchtete das obere Drittel der Cayesh-Westwand im Abendlicht, wir waren wieder im Grünen, in der lebendigen Zone, perfekter Trip. Wir biwakierten unter einem großen überdachten Fels neben rot blühenden Büschen, Lagerfeuer, Sternenhimmel, was willst du mehr in diesem Leben?

Wir erreichten die vier Häuser am Ausgang des Cayesh-Tals und mieteten zwei Mulis. Der *arriero* zurrte unsere Sachen auf den Tieren fest, und als ich bemerkte, daß zur gleichen Zeit eine Familie aus dem Dorf Richtung Huarás aufbrach, bat ich ihn, seinen Nachbarn noch etwas Gepäck abzunehmen. Er zeigte auf die Mulis und lehnte ab: »Mehr können die Viecher wirklich nicht tragen!«

Zurück in Huarás gab es Grund zu feiern. Monika hatte mit Schweizern zwei Sechstausender gemacht, und Jörg und ich unsere erste Erstbegehung überhaupt. Und es war keine

Erstbegehung an »irgendeinem Jammerklapf«, wie Jörg es nannte, sondern an einem verdammt guten und schönen Berg. Es war die erste Route am Cayesh, die – zwei Jahre später – überhaupt wiederholt wurde. Da Jörg uns nach meinem Fehler an der Abseilstelle gerettet hatte, stand natürlich ihm der Routenname zu. Es gab einen schrägen Heimatfilm über seine Gegend, dessen Titel sich nun geradezu aufdrängte: »Daheim sterben d'Leut«.

Wir blieben noch länger in Huarás, und vor der nächsten großen Tour war ich dran mit Krankwerden. Die spanische Seilschaft, mit der wir gemeinsam hatten einsteigen wollen, nahm Jörg mit, und mit einem Fünf-Biwak-Epos gelang ihnen der Nordgrat des Huascarán-Nordgipfels. Unsere Andenbergfahrt war alpinistisch ein voller Erfolg, aber Südamerika ist viel zu aufregend und viel zu spannend, um seine Zeit nur mit Bergsteigen zu verbringen. Ohne die Zeit vor und nach den sieben Wochen in Huarás hätte Entscheidendes gefehlt.

2 Eseltreiber

# Der geschlossene Kreis

## Allein am Eiger

Als ich Anfang September in meinem Zelt in Chamonix erwache, ist das Jahr bis jetzt verflixt gut gelaufen. Ein paar Wochen Studium, ein paar Wochen Arbeit und ein halbes Jahr Urlaub. Im Februar ist Jörg und mir eine prima Winterbegehung gelungen, im Juli eine schöne Erstbegehung in der Cordillera Blanca. Im August bin ich nach drei Monaten Peru wieder zu Hause. Irgend jemand leiht mir das Auto von irgend jemand anderem, der gerade nicht da ist, und die leichtsinnigen Menschen vom Postgiroamt haben mir während meiner Abwesenheit tatsächlich zehn neue eurocheques geschickt. Schecks – ich habe überhaupt kein Geld mehr, aber für ein paar Wochen kann ich mir wieder selbst welches drucken. Eine wunderbare Erfindung, verläßliche Basis für Luftschlösser ohne finanzielle Grundlage.

Im Frühling ist Martin von einem zweijährigen Aufenthalt aus Südamerika zurückgekehrt, fünf Tage später flog ich selbst nach Lima. Jetzt ist Zeit und Gelegenheit, das Wiedersehen richtig zu zelebrieren. Vor zwei Jahren haben wir die Matterhorn-Nordwand gemacht, und zu den »Großen drei Nordwänden« fehlt ihm nur noch der Walkerpfeiler an den Grandes Jorasses im Montblanc-Gebiet. Martin bindet mit einem Stück Schnur die kaputte Fahrertür unseres unverhofften Autos zu, und ich flicke mit einem Draht und einer Dose das Loch im Auspuff. Dann kaufen wir beim ALDI für zweihundert Mark Konserven und zweiundsiebzig Dosen Bier und fahren nach »Cham«. Unser Wiedersehen und seine »Dritte Nordwand« feierten wir mit einer wahrhaft hedonistischen Begehung: Kiwitörtchen und Bier kamen mit bis zur Hütte und als Krönung ein kleiner Kassettenrecorder mit in die Wand. Zum

Sonnenuntergang hörten wir Salsa, am Morgen nach dem Biwak zum Munterwerden die »Toten Hosen«. Ein vorzügliches, ein kultiviertes Biwak.

Jetzt ist Martin seit zwei Wochen abgereist. Nach ein paar weiteren kleineren Touren fühle ich mich bereit für das Projekt, wegen dem allein ich früher als geplant aus Peru zurückgeflogen bin: Eiger solo. Es war weniger ein Entschluß als eine Erkenntnis: Jetzt müßte es soweit sein. Wenn nicht jetzt, dann nie. Die Wettervorhersage könnte besser gar nicht sein, und ich überschlafe es noch einmal. Jetzt bin ich aufgewacht und weiß, daß ich gehe. Ich verabschiede mich von Bernd aus Essen, meinem Seilpartner der letzten zwei Wochen.

»Ich mach's. Ich fahr' rüber zum Eiger.«

»Viel Glück!«

Am Nachmittag sitze ich auf der Wiese unterhalb der Wand. Die Verhältnisse sind offensichtlich gut, die Unruhe ist vorüber. Da kommt jemand vom Abstieg – Mark Wilford, ein Amerikaner aus Colorado. Er hat heute die klassische Route solo gemacht und gibt mir ein paar Tips. Zwei Alleingänger in zwei Tagen! Die berüchtigte Eiger-Nordwand ist eben auch nicht mehr das, was sie mal war.

Als ich aufwache, schaue ich auf die Uhr und bin erleichtert – eine Stunde verschlafen, dann wird es klappen!, das war schon immer so bei großen Touren. Der nächtliche Weg zum Wandfuß ist eindrucksvoll. Die pechschwarze Wand wirkt riesig, endlos. Sie ist ein Ozean, ein Geheimnis. Ich bin ein Schiff, ein Reisender. Ich habe ein fünzig Meter langes Neun-Millimeter-Seil dabei, einen Eishaken und einen kleinen Friend – das reicht, um sich unterwegs ein paar Mal zu sichern, für einen Rückzug reicht das nicht. Sobald ich von den siebzehnhundert Metern Wandhöhe und dreitausendfünfhundert Klettermetern ein paar hundert unter mir habe, führt der einzige Weg zurück ins Tal, zurück zum Leben, über den Gipfel. Ich bin bereit, wie ich selten für etwas bereit war.

Zunächst befürchte ich, mich auf den Schotterbändern im Wandvorbau zu verfransen, aber die in Chamonix kopierte Beschreibung führt mich sicher und ohne Umwege zur ersten Schlüsselstelle, dem *Schwierigen Riß*. Die Querung hinüber ist allerdings schwerer als die berühmte Passage selbst, aber von da an kennt man dafür die Beschreibung auswendig. Schotterrampen führen zum *Hinterstoißerquergang*, simpel, ebenso das *Erste Eisfeld*. Dann folgt ein steiles Wandstück, das ich rechts von einigen uralten, gammeligen Seilresten überwinde. Jetzt sollte eigentlich das *Zweite Eisfeld* beginnen, aber erstmal steht da noch eine weitere, kurze steile Felsstufe. Als ich feststelle, daß der Fels so kompakt und splittrig ist, daß man ihn besser ohne Steigeisen klettert, ist es zu spät. Ich gäbe viel, könnte ich hier die Eisen ablegen, sehr viel. Aber ich stehe viel zu schlecht, es ist einfach unmöglich. Hier hatte ich auch überhaupt nicht mit Schwierigkeiten gerechnet. Sorgfältig plaziere ich notgedrungen die vordersten Zacken auf schmale, abschüssige Leistchen. Die Konzentration saugt den Kopf leer bis zum völligen Vakuum. Ich fühle nichts, ich denke nichts. Ich bin eine Maschine, mache keine Fehler. Nach der ersten Stufe sind wir vor fünf Jahren umgekehrt, Ecki und ich, weil wir damals so fürchterlich langsam waren. Ich hatte blaugemacht und mich krank schreiben lassen, und beim Rückzug wären wir beinahe mit einem Standplatz rausgeflogen. Jung, dumm und unerfahren – dem Arzt was von Sehnenscheidenentzündung vorheucheln, zur Eiger-Nordwand fahren und um ein Haar im Zinksarg nach Hause...

Im *Zweiten Eisfeld* muß man über dreihundert Meter waagrecht von rechts nach links, fast ohne Höhe zu gewinnen. Nach dieser nervtötend langen Querung wird auch für Seilschaften ein Rückzug sehr problematisch, weil man die ganze Querung zurückklettern muß und nicht einfach abseilen kann. Das Eis ist zwar blank, aber sehr griffig, und ich komme rasch vorwärts. Ich mache ein Foto zwischen den Beinen hindurch nach unten. Ich habe nur noch sechs Bilder auf meinem letzten

Film, muß also mit den Schnappschüssen ziemlich sparsam sein. Die folgende *Bügeleisenwand* erweist sich als überraschend heikel. Ein paar Minuten stehe ich regungslos im vereisten Fels und habe keine Vorstellung, wie es hier weitergehen soll. Ein, zwei Ideen für die nächste Bewegung habe ich schon, aber sie scheinen mir zu riskant. Aber ewig stehenbleiben kann ich hier auch nicht, sonst ermüdet die Muskulatur, und alles wird nur noch schlimmer. Distanziert, als beobachte ich jemand anders, merke ich, wie irgendwann meine Hände und Füße die Initiative übernehmen und ich einfach weiterklettere. Ich bin in Konzentration aufgelöst wie ein Würfel Zucker im Kaffee. Unter meinen Füßen neunhundert oder tausend Meter Luft, doch in mir keine Angst. Ich fühle nichts, denke nichts, klettere ohne Fehler.

Oben auf dem *Bügeleisen* ein breiter, bequemer Absatz: das *Todesbiwak*. Bis hier kamen die ersten zwei, die die Wand 1935 probierten, Sedlmayer und Mehringer. Das Wetter schlug um, bis hier kamen sie noch, und genau hier sind sie ganz langsam an Kälte und Erschöpfung gestorben. Natürlich denkt heute jeder an die armen Hunde von damals, aber dieser Absatz ist nicht nur bequem, sondern auch steinschlagsicher und daher trotz seiner traurigen Geschichte ein beliebter Biwakplatz. Als Martin und unser baskischer Freund Alberto sich vor drei Jahren bei schwierigen Verhältnissen durch die Wand kämpften, haben sie ebenfalls hier übernachtet. Martin konnte noch kein spanisch, und Alberto sprach etwa zwanzig Worte deutsch. Ich mache Pause und denke an sie. Es ist erst halb elf. Ich bin erst seit gut vier Stunden unterwegs, aber bei einem Alleingang ist Schnelligkeit eigentlich keine Kunst. Solo steht man erstens nicht die halbe Zeit an irgendwelchen Standplätzen herum und sichert, sondern klettert nonstop, zweitens weiß man schon vorher, daß man an einem Tag durchkommt und hat daher einen ganz leichten Rucksack: kein Kocher, kein Biwakmaterial. Von der körperlichen Belastung her ist ein Alleingang ein Witz im Vergleich zu einer Begehung in Seilschaft. Nur wirklich sicher muß man sich seiner Sache sein.

In der stark vereisten *Rampe* gehe ich nicht mit beiden Eisgeräten, sondern mit nur einem und einer freien Hand. Manchmal antizipiere ich die Bewegungen, schlage das Eisbeil mit der linken Hand weit oben ein, um es erst zwei Züge später als Griff zu benutzen. Um Haaresbreite verliere ich den Eispickel. Zwischen Rücken und Rucksack geschoben, ist er nach unten durchgerutscht, und ich merke es erst im letzten Augenblick.

Im *Wasserfallkamin* sichere ich mich zum ersten Mal selbst. Viel wird diese Sicherung nicht halten, aber ein bißchen mehr als gar nichts ist schon eine Menge. Man klettert mit den Füßen auf der linken Seite des Kamins und stemmt sich mit dem Rücken gegen die rechte. Im Rucksack trage ich eine extragroße Trinkflasche aus Plastik, die jetzt deutlich hörbar gegen den Fels gedrückt und geschrammt wird. Um sie nicht zu zerbrechen, muß ich also mit dem Rücken etwas mehr nach außen klettern, was die Sache zusätzlich erschwert. Auf der linken Seite stehe ich dafür mit den Frontalzacken der Steigeisen sogar besser auf den kleinen Leisten und Löchern als mit den Stiefeln. An und über diesen kleinen Tritten ist der Fels von den Steigeisen meiner Vorgänger verkratzt. Die Striche in dem weichen Kalk sehen beinahe aus wie chinesische Schriftzeichen.

Jetzt im September ist es kühler als im Hochsommer, daher rinnt kein Schmelzwasser durch den *Wasserfallkamin*, was natürlich angenehmer ist, als wenn es einem oben in die Ärmel läuft und unten aus den Hosenbeinen in die Stiefel. Die leichte Vereisung, die jetzt auf dem Fels liegt, nimmt man da gern in Kauf. Nicht zuletzt kommt es bei den niedrigeren Temperaturen auch kaum dazu, daß wacklige Steine sich lösen und pfeifend in die Tiefe plumpsen, um da unten ein Loch im Schotter zu hinterlassen oder in einem Kletterer. Am ganzen heutigen Tag höre ich nur einen einzigen Stein pfeifen, und das in sicherer Entfernung. Im Juli wäre ich niemals hier eingestiegen, o nein, und während ich mir sehr schlau vorkomme, läßt die Ernüchterung nicht lange auf sich warten. Als es wieder leichter wird, will ich mein Sicherungsseil nach oben abziehen und muß erkennen, daß ich Mist gebaut habe und es sich unmöglich abziehen läßt. An einem dürftigen Standplatz, der glücklicherweise genau vor meiner Nase eingerichtet ist, seile ich ab, um den Strick freizumachen. Da ich den Haken nicht recht traue, klettere ich die schwierige Passage nochmal, statt mich am Seil wieder hochzuziehen.

»Verdammte Sicherung!« sage ich laut und gehe wieder ohne. Ein Vorteil bei Alleingängen ist wirklich der, daß man den ganzen Tag laut mit sich selbst reden kann, ohne daß es irgend jemand hört. Nun kommt ein gefrorener Wasserfall, wundervolles, griffiges Eis, nicht ganz senkrecht, wirklich ein Genuß. Dann das *Rampeneisfeld*, das *Brüchige Band* und der *Brüchige Riß*. Den *Brüchigen Riß* hatte Mark als »pretty scary« beschrieben – als »ziemlich gruselig« –, also sichere ich mich wieder selbst. Zum ersten Mal lege ich die Steigeisen ab. Die Stelle ist ungeheuer ausgesetzt, denn man hat genau hier einen besonders steilen Wandteil unter den Füßen, was den Eindruck der Tiefe noch enorm verstärkt. Der erste Meter weg von einem kleinen schneebedeckten Absatz in den Riß hinauf ist trotz des brüchigen Gesteins tatsächlich überhängend. So schwer wie befürchtet ist diese Seillänge hinauf in den *Götterquergang* allerdings nicht, und vor allem habe ich mittlerweile kapiert, wie ich die Selbstsicherung fädeln muß, damit ich das Seil von oben abziehen kann. Es ist überhaupt ein überaus exquisites Vergnügen, so viele berühmte Passagen an einem einzigen Tag zu klettern: Alle kursiv gedruckten Stellen kann so ziemlich jeder Bergsteiger auswendig der Reihe nach hersagen, denn sie tauchen in all den Geschichten, Büchern und Tragödien über diese berühmteste Klettertour der Welt und ihre sechzig oder siebzig Toten auf. Und wenn man dann ehrfürchtig im *Götterquergang* steht, den die Erstbegeher so tauften, weil er so überraschend leicht war, spätestens dann ist man ein bißchen wieder der kleine Junge, der davon träumt ein großer Bergsteiger zu sein und einmal Hand an diese heiligen Griffe zu legen. Ich halte inne und schaue hinaus. Man klettert am Eiger nicht »außen« an der Wand hinauf, sondern man ist gewissermaßen »in« der Wand, ganz tief hintendrin und allmählich immer weiter oben. Die Wand ist ein riesiges Halbrund, doppelt so breit wie hoch, ein ungeheures Amphitheater. Die horizontal verlaufenden Schotterbänder des *Götterquergangs* sind der Erste Rang, und ich bin mein eigener Hamlet und übe »Sein oder nicht sein...«.

Kurz bevor es in das vorletzte Eisfeld mit dem anheimelnden Namen *Spinne* geht, muß man zwei Meter nach unten abklettern. Dabei muß man zwangsläufig nach unten schauen, was man normalerweise gerade beim Alleingang stets vermeidet, weil die Tiefe einen merkwürdigen Sog besitzt, sobald sie nicht von einem Seil entschärft wird. Es gibt Solokletterer, die ein frei hängendes Seil hinter sich herziehen, nur weil der vom Seilschaftsklettern her gewohnte Anblick eines nach unten laufenden Seils sie beruhigt. Nach der *Spinne* kommen zu guter Letzt noch die berüchtigten *Ausstiegsrisse*. »Die Ausstiegsrisse sind das Schlimmste, nämlich das Schlimmste zum Schluß«, hatte mir Martin eingeschärft, »und sie sind lang – sehr lang!« Erstmal gibt es Beute: Eine teure Titaneisschraube steckt da in der *Spinne*, die ich herausdrehe und mitnehme. Ich gönne mir noch eine Pause, und augenblicklich meldet sich die Logik, die mir sagt, daß ich die Pause fünf bis zehn Minuten vor der nächsten Schlüsselstelle, dem *Quarzriß*, einlegen sollte, damit der Zucker aus den Schokoriegeln auch der Muskulatur zur Verfügung steht. Der *Quarzriß* verlangt nochmal Sicherung und abgelegte Steigeisen, ist aber eigentlich eine schöne Kletterstelle. Dann sieht es fürchterlich aus: Die kurze Querung hinüber zum *Corti-Biwak* ist ein Alptraum. Über eine steile, vereiste, splittrig-brüchige Platte müßte man sich da hinüberschwindeln, die zu allem Übel auch noch ausgesetzt ist wie eine Skischanze. Ich weiß mir nicht anders zu helfen, als mich am Seil auf Zug hinüberzulassen. Von der kleinen Plattform des *Corti-Biwaks* kann ich endlich die vermaledeiten *Ausstiegsrisse* einsehen. Ich habe Glück. Die Riß- und Kaminreihen sind dick mit Firn überzogen und lassen sich als harmlose, nicht einmal sehr steile Eisrinnen klettern.

Das Halbrund der Wand spitzt sich zu und entläßt mich nach oben ins *Gipfeleisfeld*. Schon Minuten vor dem Gipfel zerreißen meine Freudenschreie die Stille. Am Gipfel setze ich mich still auf meinen Rucksack, vertilge den Rest Nüsse und den letzten Schluck Wasser. Zu dumm, daß Nebel aufgezogen ist. Kein Panorama, kein Tiefblick, nichts. Achteinhalb Stunden habe ich gebraucht. Erst Wochen später wird mir klar, wie schnell diese Zeit ist. Von all den großen Wänden, die ich schon immer machen wollte, war der Eiger die letzte. Ein Kreis ist geschlossen, ein neuer beginnt: die gleichen Wände, andere Routen.

Im Abstieg lasse ich mir Zeit. Die Westflanke ist ein endloses Schotterfeld, reizvoll wie ein riesiger Bahndamm mit tausendvierhundert Metern Höhenunterschied. Ich bin wie vor den Kopf geschlagen: Ich habe es geschafft, ich habe es schon hinter mir. Kann das überhaupt stimmen? Ein Steinbockweibchen mit zwei Jungen entfernt sich langsam und wackelt mit ihrem Hintern wie die Monroe. Vielleicht der schönste Moment des Tages ist die Rückkehr aufs grüne Gras, auf die Wiesen unterhalb der Nordwand, zurück in die Zone des Lebens. Ziegen springen unter dem Wandfuß herum, Blaubeeren sind reif. Ich hole meinen Schlafsack und die anderen Sachen aus dem Versteck und steige geradeaus über die Wiesen ab. Immer wieder starre ich mit offenem Mund zur Wand hinauf: Das soll stimmen? Da bin bin heute rauf? Und jetzt bin ich schon wieder hier unten? Die Freude in mir ist ungeheuer, denn mir ist etwas Glänzendes gelungen, auf das ich mich lange vorbereitet und gefreut und vor dem ich mich gefürchtet habe. Aber die Freude breitet sich nur sehr langsam aus. Die ungeheure Anspannung ist immer noch zu spüren und steht anderen Emotionen im Weg.

Ich komme in der Nähe eines Zeltes vorbei. Ein Mädchen ruft mir auf Englisch zu, ob ich die Wand gemacht habe. Ob ich mit ihnen essen will? Natürlich will ich! Ich treffe auf ein seltsames Paar: Er ist erst siebzehn und will morgen die Wand solo klettern, sie ist ein paar Jahre älter und schwärmt mir vor, wie wild er solo unterwegs ist – von Angst um ihn keine Spur. Beinahe bin ich enttäuscht von diesem inflationären Andrang von Alleingängern am Eiger, denn drei Alleingänger in drei Tagen, das hat es hier mit Sicherheit noch nie gegeben. Am nächsten Morgen kann ich zur entsprechenden Uhrzeit keinen Alleingänger im *Zweiten Eisfeld* entdecken. Da ich nie mehr etwas über einen siebzehnjährigen Alleingänger am Eiger höre, wird er am Ende einfach nicht eingestiegen sein. Ich verabschiede mich und lege mich für die Nacht weiter unten ins Gras.

Noch weiß ich nicht, daß ich die nächsten Nächte viel unruhiger schlafen werde als vor der Tour, weil es noch unglaublich lange dauern wird, bis die Anspannung von mir abfällt. Südamerika war als Erlebnis eine solche Sensation, daß ich nach meiner Rückkehr mehrere Wochen brauchte, um es zu kapieren. Jetzt habe ich die Eiger-Nordwand solo gemacht, und wieder dauert es hinterher sehr lange, bis ich »lande«. Ich weiß: Solange ich solche Probleme habe, kann ich mich glücklich schätzen.

Die Klettersaison ist für dieses Jahr zu Ende. Was sollte ich nach diesem Trip noch klettern? Außerdem bin ich völlig bankrott. Wenn mir nicht ein wohlhabender Freund kostenlos ein Zimmer in seiner Wohnung zur Verfügung gestellt hätte, wäre das Jahr 1988 schlecht ausgegangen. Aber sogar mit dem Zimmer hatte ich Glück: Villenviertel, Geschirrspülmaschine, Morgensonne und Blick ins Dreisamtal. 1988 war ein goldenes Jahr.

# On the road

### Reisen per Anhalter

Spanien war kein Land für Tramper und würde auch nie eines werden. Ich hatte Moni versprochen, daß wir in Spanien saumäßig schnell sein würden – weil sie blond war –, aber ich hatte mich getäuscht. Mühsam fuhren wir aus der Gegend von Pamplona über die Pyrenäen zurück Richtung Heimat, und es schneite in dicken Flocken. Auf der französischen Seite schneite es auch, und als wir wieder tiefer kamen, gingen die Niederschläge in Regen über. Unser Minimalziel war Carcassonne, wo wir auf die Mittelmeerautobahn stoßen würden. Von dort müßten wir es an einem Tag nach Hause schaffen. Moni war die Freundin eines meiner besten Freunde, und sie sprach gut französisch, ein famoser Vorteil.

Nun war es Abend, und wir saßen in einem Auto bis kurz vor Carcassonne. Es herrschte wenig Verkehr, und während die Wälder und Ortschaften an uns vorüberflogen, hüpfte der rostige Renault munter über die wassergefüllten Schlaglöcher. Von der Rückbank sah ich im Innenspiegel, wie dem Fahrer, einem freundlichen Alten mit Baskenmütze, in kurzen Abständen die Augen zufielen.

»Moni! Erzähl ihm was! Der schläft ständig ein!«

Egal was sie erzählte, nach kurzem höflichem Zuhören drehte er stets das Radio wieder lauter und widmete die bröseligen Reste seiner Aufmerksamkeit einer Diskussion, die dort übertragen wurde. Es muß eine sehr langweilige Gesprächsrunde gewesen sein, wahrscheinlich drei Politiker und fünf Intellektuelle, in jedem Falle fielen ihm seine Augen alle zwei Minuten zu. Manchmal kippte dabei auch der Kopf kurz nach vorn. Vom Beifahrersitz sah Moni all das nicht so deutlich wie ich von hinten im Rückspiegel.

»Erzähl ihm was, Moni! Ich hab Angst!«

Ein paar Autos später erreichten wir die Autobahn, und es regnete immer noch. Wir übernachteten auf der ersten Raststätte, wo wir in einem abseits stehenden Waschraum zwei trockene Plätze unter den Waschbecken fanden. Ich ließ Moni auf der Innenseite zwischen Wand und mir schlafen. Wenn jemand kam, kam er zuerst zu mir.

Es goß immer weiter, es goß wie aus Kübeln, aber wir kamen voran. Wir hatten auf deutsche Urlauber spekuliert, die heimwärts fuhren, aber diesmal waren die Franzosen freundlicher. Wahrscheinlich lag das an Moni, die sie auf den Raststätten ansprach. Ich war jahrelang mit den drei Sätzen französisch getrampt, die mir Alberto mal aufgeschrieben hatte: »Fahren Sie Richtung sowieso?« – »Können Sie mich mitnehmen?« – und sobald ich im Auto saß »Ich kann kein Fanzösisch«. Irgendwann erklärte mir eine Französin unter schallendem Gelächter, daß mein routiniertes »Pouvez-vous me apporter« soviel bedeutete wie »Können Sie mich tragen?« und nicht, wie ich annahm, »Können Sie mich mitnehmen?«

Wir saßen in einem Kleinwagen bis zum Abzweig nach Mulhouse, ein lohnendes Stück. Trotz zentimeterhoch auf dem Asphalt stehenden Wassers gab der Fahrer Vollgas und blieb meistens auf der Überholspur, obwohl der leichte Wagen immer wieder aufschwamm wie in einem Aquaplaning-Lehrfilm. Dann lenkte er gegen und gab wieder Gas.

»Finden Sie das nicht ein bißchen gefährlich, Monsieur?«

»Ich habe alles unter Kontrolle, Mademoiselle!«

Was sollten wir tun? Es goß in Strömen, und da ist man froh, wenn man irgendwo drinsitzt. Das größte Risiko beim Trampen besteht in der simplen Möglichkeit eines ganz normalen Verkehrsunfalles. Erstens ist diese Gefahr rein statistisch ohnehin verdammt hoch, zweitens wollen viele Fahrer den Tramper mit hohen Geschwindigkeiten beeindrucken oder sind übermüdet. Aber wer sollte dich überfallen oder ausrauben?

Wenn einer viel Geld hat, würde er ja nicht per Anhalter fahren. Ich wurde ein paarmal von Schwulen mitgenommen, ganze dreimal in etwa fünfzehn Jahren, und die taten mir nichts außer freundlich drum zu bitten. Sie waren alt und ungefährlich. Und selbst wenn sie mich hätten bedrohen können, hätten sie es wahrscheinlich nicht getan. Trampen ist alles in allem eine sichere Form des Reisens, jedenfalls für Männer. Es gibt auch Frauen, die viel alleine trampen und es vollkommen harmlos finden.

Wir ließen die letzten hundert Kilometer in dem schwimmenden Kleinwagen sausen und stiegen aus. Wir kamen noch bis kurz vor die Grenze und übernachteten auf einigen Betonplatten bei einer Baustelle neben einer Mautstation. Am Morgen hieß uns der Frühling in Deutschland willkommen – in einem Blumenlaster fuhren wir bei strahlendem Sonnenschein heimwärts über die Grenze.

Ich hatte zu meiner Schulzeit angefangen, über die Wochenenden per Anhalter zum Klettern zu fahren. Von Lübeck in den Ith sind es zweihundertachtzig Kilometer, und am Anfang, mit sechzehn, war das wie eine Atlantiküberquerung. Die wenig später neu eingeführte Sommerzeit bedeutete eine Stunde mehr Helligkeit für die Strecke, und als ich endlich achtzehn war, konnte ich meine Entschuldigungen selbst unterschreiben und startete oft schon am Donnerstag. Einmal traf ich im Bus zur Autobahnauffahrt ein paar Leute aus meinem Jahrgang, und am Nachmittag und am Freitag war noch Unterricht. Draußen war herrliches Frühlingswetter, nach fünf Minuten an der Auffahrt saß ich in einem Lkw nach Hamburg, und im Radio lief ein Schlager: »Alle sind so fleißig – ich nicht!« Ich schwänzte erheblich weniger als die anderen, immer nur freitags, bekam aber trotzdem den meisten Ärger, worüber mein Glaube an die Gerechtigkeit der Institutionen erstmals ins Bröckeln kam. Jeder wußte, daß die Volljährigen schwänzten, und ich, der vergleichsweise selten und nur aus wichtigem Grund fehlte, wurde bestraft?! Aber die hatten alle keine Ahnung, was man am Wochenende im Ith alles erleben konnte, und das war mein Trost.

Wenn ich bei Freunden aus Lübeck oder Hamburg im Auto mitfahren konnte, war das sehr praktisch, aber Trampen war nicht einfach nur die Notlösung, wenn keiner fuhr oder niemand mehr einen Platz frei hatte. Trampen war sportlich, Trampen war alpiner Stil. Ein Auto haben konnte jeder Idiot, Trampen nicht. Ich war immer stolz darauf, Tramper zu sein, auch als die ersten in meiner Klasse sich einen Fuchsschwanz an ihren Golf banden. Das konnte man mit Geld erwerben, und Geld war wertlos. Vermutlich fuhren auch schon bei den Postkutschen manchmal Leute umsonst mit, so gesehen war Trampen älter als die Art der Fahrzeuge, deren wir uns bedienten. Auf irgendeine Weise schien mir die Tramperei sehr viel Tradition zu haben, und welche Tradition hatte ein Golf?

Schnell und effektiv per Anhalter fahren ist dabei zum großen Teil eine Frage von Erfahrung, von Handwerk, namentlich auf wirklich langen Strecken. Wenn es sich nicht irgendwie vermeiden läßt, steige unterwegs nur an Raststätten aus, nie an Auffahrten. Außer du weißt aus eigener Erfahrung oder von anderen Trampern, daß die Auffahrt wirklich gut ist. Wenn der Fahrer sagt, die Auffahrt sei spitze, vergiß es. Niemand versteht weniger vom Trampen als die Fahrer.

Nicht alle Raststätten sind allerdings gut. Ein paar empfehlenswerte sind Hamburg-Stillhorn, Hannover-Allertal, Hasselberg südlich von Kassel, Frankfurt-Gräfenhausen und Karlsruhe-Bruchsal. Auf Raststätten halten Leute, die lange Strecken fahren, und das sind genau die, die du brauchst. Du kannst an der Ausfahrt stehen und den Daumen raushalten, du kannst die Leute reihenweise ansprechen oder auf die Nummernschilder der Autos achten und die Fahrer gezielt fragen, ob sie dich mitnehmen. Ganz gleich ob du stehst oder sie ansprichst, der Fahrer oder die Fahrerin muß sich immer sehr schnell entscheiden, ob er/sie dich mitnimmt oder nicht, daher ist der erste Eindruck ziemlich wichtig. Du solltest saubere, helle

Kleidung tragen und nach Möglichkcit nicht unrasiert sein. Ein riesiger Rucksack wirkt auf die Leute lästig (und für dich ist er es sowieso), wenn du aber gar kein Gepäck hast, kann das verdächtig wirken, so als seist du nicht auf Reisen, sondern womöglich nur auf der Suche nach dem nächsten Opfer. Einen kleinen Rucksack kannst du außerdem auf dem Rücken behalten, während du auf der Raststätte hin- und herläufst, einen schweren Rucksack mußt du abstellen, verlierst ihn aus den Augen, und er kann gestohlen werden.

Pappschilder mit dem Kennzeichen deines Zielortes können hilfreich sein, aber wenn du beispielsweise von München nach Hamburg willst, halte nicht gleich die Buchstaben »HH« in den Fahrtwind. Das kann erstens Leute abschrecken, die nur ein kleines Stück in deine Richtung fahren, zweitens kann es auch Leute abschrecken, die wirklich bis Hamburg fahren, denn sie müssen sich in zwei Sekunden entscheiden, ob der Fremde dort am Straßenrand jetzt sechs, sieben, acht Stunden lang neben ihnen sitzen soll oder vielleicht lieber doch nicht. Male ein Ziel zwischen hundert und zweihundert Kilometer Entfernung auf das Schild, und für den Fall, daß jemand mit Hamburger Nummer vorbeifährt und sehr nett aussieht, kannst du ein »HH« auf die Rückseite schreiben und das Schild schnell drehen.

Wenn man ins Ausland wollte, war es ein guter Trick, sich nach den Lkw-Zollstellen zu erkundigen. Unseren Freund Alberto brachte ich mit Jörgs Auto auf so eine Zollstelle zwischen Freiburg und Basel, und er hatte nach zehn Minuten einen spanischen Trucker, der ihn die ganze Strecke mitnahm. Am Zoll in Irún bei San Sebastián konnte ich mir innerhalb von einer halben Stunde von zwei deutschen Lastern einen aussuchen, und es wurde außerdem ein sauguter Lift. Der Fahrer war nicht älter als ich, trug eine helle Bomberjacke, auf der in klobigen Filzstiftbuchstaben »HEAVY METAL RHEINGAU« stand, und wir verstanden uns so gut, daß man mich in den Brummirestaurants, in denen wir Pause machten, für seinen Beifahrer hielt. Wir fuhren im Konvoi mit zwei anderen deutschen Lastern, quasselten über CB-Funk, und ich unterschrieb einem der anderen Fahrer eine gefälschte Fahrtenscheibe. Im Zuge des europäischen Binnenmarkts dürfte diese kleine Nische mit den Zollstellen allerdings verschwinden. Was bleibt, ist die Möglichkeit, im Industriegebiet deines Wohnorts nach Lkws aus dem Zielland Ausschau zu halten. Man sollte allerdings die jeweilige Landessprache beherrschen.

Der eigentliche Arbeitsplatz des Trampers ist nämlich der Beifahrersitz. Die meisten Leute nehmen einen mit, weil sie sich unterhalten wollen, und das ist dein Job. Sie tun dir einen Gefallen, indem sie dich mitnehmen, und dann bist du dran. Das bist du ihnen schuldig. Du bist der Talkmaster, du führst das Gespräch, und das kann eine sehr gute Schule für den Umgang mit Menschen sein. Du kannst neben übermüdeten Fernfahrern sitzen, die ein paar Geschichten gegen das Einschlafen wollen oder neben Leuten, die von dir hören wollen, wie unheimlich wild du drauf bist, je nachdem. Manche wollen auch nicht reden. Das findest du nach spätestens fünf Minuten heraus, und dann hast du deine Ruhe. Bei einer langen Fahrt kann das sehr angenehm sein.

Ein gutes Drittel der Lifts an Autobahnen bekommst du mit Geschäftsleuten, besonders oft mit Leuten im Außendienst. Erstens fahren sie viel, zweitens haben sie Platz im Auto und drittens ist ihnen langweilig. Geschäftsleute in wirklich großen Autos sind häufig souverän, gelassen, selbstbewußt. Sie haben viel erreicht, besitzen ein gesundes Selbstbewußtsein und tolerieren auch abweichende Meinungen. Für den Tramper angenehme Zeitgenossen, auch wenn in den größten Autos meistens die mieseste Musik läuft. Die Vertreter in den PS-starken Mittelklassewagen wollen erst noch nach oben und müssen dir ihre Überlegenheit unter Beweis stellen. Natürlich bist du ihnen dankbar, daß sie dich mitnehmen, aber das reicht ihnen nicht. Sie wollen Dank dafür, daß du bei einem so tollen Typen mitfährst: »Sehen Sie, wie locker ich mich mit Ihnen unterhalte, während ich hundertneunzig fahre?« – Zitat eines Escort-Fahrers kurz vor Kassel in Fahrtrichtung Norden. Man fährt auch bei sehr interessanten und angenehmen Menschen mit, ich möchte keinen falschen Eindruck erwecken, immerhin sind sie ja alle so freundlich, dich überhaupt mitzunehmen. Aber um die Nervensägen wirst du nicht herumkommen, wenn du viel trampst. Unabhängig von der willkürlichen Einteilung in sympathisch oder unsympathisch wirst du vor allem merkwürdige Menschen kennenlernen, eine oder ein paar Stunden neben ihnen sitzen, mit ihnen reden und sie nie wieder treffen.

Einige Beispiele: Von Freiburg-Nord nach Karlsruhe mit einem Kurierfahrer, der jedes Jahr zweihunderttausend Kilometer machte. »Siehst du hier irgendwo einen Fahrtenschreiber?« fragte er stolz. »Ich kann vierzehn Stunden fahren, und keiner kann was nachweisen. Viel besser wie im Lkw.« Er besaß alle Führerscheine sowie sämtliche Gefahrengut-Spezialführerscheine, »außer für Kettenfahrzeuge, die sind mir sowieso zu langsam«. Sein Motto lautete »Ich fahr' nie schneller wie Vollgas«, und er hatte seit zehn Jahren kein Buch mehr gelesen: »Ich les' nur Teletext.« Am letzten Wochenende, erzählte er, hatte er zwei Tage frei, und da ist er dann auch zweitausend Kilometer gefahren, einfach so. Erst von Karlsruhe in den Schwarzwald, »und da lief's wieder so gut, da bin ich gleich weiter in die Schweiz und dann nach Berlin«. Zu tun hatte er nichts in Berlin, aber er fuhr halt gern, er fand das gut. Es gibt Tierarten, die besetzen die merkwürdigsten ökologischen Nischen, und in Deutschland gibt es Menschen, die *leben* auf der Autobahn.

Zwischen Karlsruhe und Frankfurt im BMW eines Geschäftsmannes lauschte ich einem langen Vortrag über das harte Leben in der freien Wirtschaft und die leider aussterbende Gattung des redlichen Geschäftsmannes. Besonders die Amis seien mies, wenn die einem eine Exklusivlizenz verkauften, dann sei das meistens gar nicht exklusiv. Er selbst sei ein redlicher Geschäftsmann, jawohl, ein redlicher Geschäftsmann, und als ein solcher werde das Leben immer schwieriger. Irgendwann fragte ich ihn, was er denn produzierte, und er produzierte CS-Gas. Es war die Zeit der Großdemonstrationen gegen Atomkraftwerke, und die Polizei setzte gegen die eigene Bevölkerung immer häufiger Wasserwerfer ein, deren Wasser mit seinem Gas durchmischt war, einer Substanz, die laut Genfer Konventionen nicht mal im Krieg »erlaubt« war. Geschäft war Geschäft, Hauptsache redlich.

Ein anderer Geschäftsmann fand, daß sein Job ihn auf Dauer zu sehr von der Natur entfremde, aber zu Hause, da kannte er einen Förster, der ihm von Zeit zu Zeit in einem bestimmten Waldstück ein paar Bäume markierte. Und wenn er dann mit seiner privaten Kettensäge im Wald unterwegs war, da fühlte er sich wieder eins mit den Dingen. Ein Arbeiter aus einem Atomkraftwerk, unterwegs in einem großen BMW zu einer Fortbildung, regte sich über die Sicherheitsbestimmungen bei seinem Job auf. Alles Quatsch, da war er sich sicher. Ein dicker Audifahrer erzählte, er habe schon über zweihundert Frauen gehabt, und jetzt fuhr er zum Bahnhof nach Hannover – der zufällig auch mein Ziel war –, denn an Bahnhöfen klappte es immer besonders gut, und steuerte zielstrebig auf eine Pennerin zu. Im Donautal fuhr ein Mann Richtung Kloster Beuron und hörte eine merkwürdige Kassette, die sich auf Nachfrage als Live-Mitschnitt von einem Exorzismus entpuppte:

»Satan, weiche von ihr!!!« und das Opfer – des Teufels oder des Exorzisten, je nachdem – stöhnte und schrie in einem fort, während der Schamane hartnäckig sein »Satan, weiche!« wiederholte. »Es gibt Leute, die lachen darüber«, sagte der Fahrer grimmig, »aber denen wird das Lachen noch vergehen«, womit er wieder lauter drehte.

Und, und, und...

Wenn dort, wo du gerade aussteigst, schon ein anderer Tramper steht, kann das von Nachteil sein, denn oft ist es ein Konkurrent in die gleiche Richtung, und außerdem ist er natürlich vor dir dran, denn er steht ja schon länger dort. Unterm Strich aber sind die Begegnungen mit anderen Trampern oft die kleinen Höhepunkte der Reise.

»Auch Richtung Frankfurt?«

»Nee, Würzburg.«

»Sagst du mir Bescheid, wenn du in meine Richtung hast? Wenn ich einen für Würzburg habe, schicke ich ihn zu dir.«

»OK.«

Normalerweise sieht man sich nie wieder, aber das ist ja kein Grund, sich nicht zu helfen. Wenn ihr beide die gleiche Richtung fahrt, steckt ihr euch vielleicht die Claims ab, jeder einen Ausgang von der Raststätte, oder einer geht direkt zur Tankstelle. Und wenn einer ein Auto erwischt, in dem noch Platz ist, versucht man den Fahrer zu überreden, den Kollegen auch noch mitzunehmen. Und manchmal, wenn man getrennt weiterkommt, wird man sich ein paar Raststätten weiter *down the road* wiedertreffen. Du siehst den andern, mit dem du, wenn es wirklich mies läuft, vielleicht zwei Stunden gewartet hast, in einem fremden Auto davonfahren und winkst ihm zu. »To the man on the road«, heißt eine Story von Jack London, und das murmelte ich oft als stillen Gruß hinterher. Ein paarmal traf ich unterwegs Mädchen, die lieber in männlicher Begleitung als allein trampten. Sie sprachen die Fahrer an, machten die Lifts klar, und ich saß als vermeintlicher Lover hinten im Auto und hatte meine Ruhe, denn die Fahrer wollten natürlich mit den Mädchen reden und nicht mit mir.

Wenn ich Langstrecken mit Helmut fuhr, wechselten wir uns mit dem anstrengenden Platz auf dem Beifahrersitz ab. Wenn ich hinten saß, war ich immer wieder verblüfft, was er den Leuten alles erzählte und mit welcher Ruhe er ihnen auch dann sein Ohr lieh, wenn sie wirklich Blödsinn redeten. Gerade wenn es wirklich peinlich wurde, fragte er aufmerksam, höflich und voll geduldiger Bosheit nach. Er ist über hunderttausend Kilometer per Anhalter gefahren, mehr als alle andern, die ich kenne, und auch gut doppelt soviel wie ich – er war der

Tramperkönig. Als er noch in Hildesheim wohnte, hatte er in Hamburg eine Freundin, und mehr als einmal stoppte er die hundertachtzig Kilometer für einen Nachmittagskaffee nach Hamburg und abends wieder zurück. Im Inland fuhr er nie bei Lkws mit, weil sie ihm zu langsam waren. Einmal fuhren wir gemeinsam von Hildesheim nach Bremen – er machte einen Umweg über Hamburg, um dort Kletterschuhe zu kaufen, und war als erster am Ziel. Er konnte es fertigbringen, aus lauter Überdruß den Daumen gar nicht mehr rauszuhalten, wenn er am Straßenrand stand, und trotzdem ein Auto zu bekommen.

An der Auffahrt Kassel-Ost traf ich einen Schüler, der jeden Tag per Anhalter nach Göttingen zur Schule fuhr. Martin aus Freiburg fuhr die viertausend Kilometer von Cuzco in Peru hinunter nach Patagonien mit zweihundert Dollar in der Tasche. Er kalkulierte sehr einfach: Das Geld nur für Verpflegung, nichts für Transport und nichts für Übernachtung – manchmal wurde er eingeladen, sonst schlief er unter freiem Himmel. Es gibt ein phantastisches Foto von ihm: Er steht mit seinem Rucksack in der Atacama-Wüste am Straßenrand, und hinter ihm das Schild »Santiago de Chile 800 km«. Ein Kollege aus dem Hamburger Hafen fuhr ein paarmal per Anhalter von Lübeck bis an die Elfenbeinküste: durch Deutschland, durch Frankreich, mit der Fähre nach Marokko und dann quer durch die Sahara.

Für mich blieb Helmut der Tramperkönig, aber ein bißchen bist du immer ein König, wenn du gerne trampst. Mit dem Auto von einem Ort zum anderen zu kommen, ist nur eine Fahrt. Per Anhalter ist es, bei aller Routine, die sich irgendwann einstellt, immer eine Reise, immer ein Erlebnis. Unter der äußerst leicht erfüllbaren Voraussetzung, mehr Zeit als Geld zu haben, steht dir die Welt zum Nulltarif offen. Kein Geld allein macht nicht unglücklich.

# Zimmer mit Aussicht

### Neun Tage am Ogre-Südpfeiler

Zum ersten Mal kam die Frage in einem Büro des pakistanischen Innenministeriums in Rawalpindi. Wir hatten sämtliche Papiere für die Expedition vorgelegt: Pässe, Visa, Bürgschaft der deutschen Botschaft für den Fall einer teuren Rettungsaktion, Unfallversicherung für die noch anzuheuernden vierzig Träger, eine Bescheinigung, daß wenigstens die Summe für diese Versicherung nicht schwarz getauscht worden war und eine Unzahl dergleichen Dokumente mehr. Die Hitze der Hauptstadt drückte durch die Mauern des Büros, ein großer Ventilator durchschnitt im Zeitlupentempo die mit Wasserdampf gesättigte Luft. Fünf Expeditionsteilnehmer aus dem fernen Deutschland rutschten ungeduldig auf ihren Stühlen hin und her. Wenn der Beamte an diesem Tag im Juli 1990 sein OK gab, konnten wir am nächsten Tag Richtung Karakorum starten.

Sonst nicht. Es war ein sehr, sehr wichtiger Moment.

»You«, sagte er freundlich mit sanfter Stimme und zeigte mit dem Finger auf mich, »You in Germany – how many girlfriends?« Er wollte tatsächlich wissen, mit wievielen Frauen ich geschlafen hatte.

»Sag' ich nicht.«

»Come on! How many girlfriends?«

Zum zweiten Mal fragte mich unser späterer Koch Jusuf viele Wochen später im Basislager, fünf einsame Tagesmärsche hinter den letzten Häusern im Karakorum. Männer unter sich, da kam das Thema wieder. Wir standen ein paar Schritte abseits vom Lager, er zwinkerte mir zu, und vertraulich-leise kam die Frage in seinem holprigen Englisch: »You in Germany – how many *grillfriends*?«

Das schien das Problem zu sein, wenn sie an westliche Länder dachten: Wenn dort tatsächlich die Frauen frei und selbstbewußt herumliefen wie Männer, wenn sie nicht manisch verhüllt wurden wie etwas Verbotenes, Unberührbares, wenn beide Geschlechter Alkohol tranken und dieselben Bäder besuchten, dann mußte das Leben dort allen Gesetzen der Logik zufolge eine einzige, nicht enden wollende Vögelei sein. Aber die Europäer verließen ihre sexuellen Paradiese, um in den Mondlandschaften des Karakorum herumzulungern, frauenlos, freiwillig, ohne Alkohol und ungewaschen, und das für Wochen und Monate. Auf Expedition in den Karakorum – es war schon eine sehr, sehr merkwürdige Idee.

Unser wundervolles Basislager befand sich auf einer idyllischen kleinen Wiese auf 4500 Meter Höhe. Ein Küchen-, zwei Schlafzelte und ein Zelt fürs Material, eine Wasserstelle und Hunderte von Edelweiß. Ringsum eine leblose Mondlandschaft aus Gletschern, Moränenschotter und Bergen, inmitten der wir dieses seltene Glück hatten, noch ein Fleckchen im Grünen zu erwischen. Dummerweise fand sich hier auch in allernatürlichster Form, was auf den Briefmarken abgebildet war, mit denen wir unsere offiziellen Grußkarten frankierten: ›Himalayan Black Bear‹. Eine Alte mit zwei Kleinen zog ihre Kreise um unser Lager, und es war klar, daß sie über kurz oder lang an unsere Vorräte wollte.

Am zweiten Tag packte der erste Koch seine Sachen. »Er sagt, er hat Familie«, erklärte Begleitoffizier Captain Fakhar Islam, als der Koch unseren Blicken entschwand. Und sobald wir fünf am Berg waren, würde sich Captain Fakhar somit allein im Lager befinden. Nicht nach seinem Geschmack, und so verließ auch er das Lager, um im eine Woche entfernten Städtchen Skardu auf uns zu warten. Mit ihm hatten wir uns gut angefreundet, und so bedeutete sein Abmarsch auch einen menschlichen Verlust. Im Umkreis von fünf Tagesmärschen gab es nun keinen einzigen Nicht-Bergsteiger mehr; wenn wir je so etwas wie ein intellektuelles Gleichgewicht gehabt haben sollten, war es nun in jedem Falle dahin. Unser ewiges Schachspiel konnte davon jedenfalls nicht ablenken.

Abgesehen von diesen rein schöngeistigen Aspekten würde unser Lager gänzlich unbewacht bleiben, sobald wir in unseren Pfeiler einstiegen. Die Bären würden Kleinholz aus den Zelten machen, so wie sie es schon mit dem Camp der Holländer getan hatten, die eine Wegstunde talauswärts lagerten. Die Stimmung war am Boden.

Wir pflegten unsere höhenbedingten Kopfschmerzen, warteten auf Akklimatisation und die nächste Visite der Bären. Angeblich gingen sie nicht in Zelte, wenn Menschen drin waren. Also stellten wir sämtliche Vorräte ins Küchenzelt, und jeweils einer schlief drin Wache. Als ich an der Reihe war, rumpelte die Bärin von außen gegen die Zeltwand, und zwei Transporttonnen stürzten um. Niemand wollte mehr im Küchenzelt schlafen. Die nächste Theorie war, daß ein Kreis aus benzingetränktem Toilettenpapier ums Lager sie fernhielt, aber Fehlanzeige. Nur Topfschlagen half. Mit der großen Schöpfkelle gegen den größten Suppentopf hämmern, bis man selbst halb taub war, und »Fuck off!« brüllen, dann verzogen sie sich für ein paar Stunden. Wir durften kein einziges Gefecht verlieren. Zum nächsten Lebensmittelladen und zurück dauerte es etwa zwei Wochen.

Michi und Jürgen akklimatisierten sich deutlich rascher als Toni, Hans und ich, und das Wetter war schon seit zehn Tagen gut. Michi und Jürgen packten ihre Sachen und stiegen als erste Seilschaft ein. Sie waren in Sicherheit.

Zwei Franzosen hatten den rund tausend Meter hohen Südpfeiler, die beste und offensichtlichste Linie am 7285 m hohen Ogre – alias Baintha Brakk – einige Jahre zuvor erstmals durchstiegen. Nur fünf Tage hatten sie gebraucht, aber im anschließenden langen Eisfeld waren ihnen vor dem Gipfel die Vorräte ausgegangen, als das Wetter schlecht wurde. Wir setzten auf einen langen Atem, bequeme Portaledges[3] und ausreichend Vorräte, um Schlechtwettertage in der Wand aussitzen zu können.

Jeden Abend um halb neun war Funkzeit, und sechs Tage lang – bis wir selbst einstiegen –, jammerten wir den beiden von den Bären vor, die immer ausdauernder und unverfrorener wurden. Besondere Angst hatten wir, daß eins der beiden Kleinen sich nicht an die Spielregel halten könnte, daß Bären nicht in Zelte mit Menschen gehen, und zu uns ins Schlafzelt käme. Die Kleinen waren drollig, nicht größer als junge Hunde, aber wenn sie uns zu nahe kämen, würde die Mutter sicher zur Furie. Wir schlugen ein paar Bohrhaken in einen Felsüberhang oberhalb des Lagers und zogen die Lebensmitteltonnen per Flaschenzug hinauf in Sicherheit. Ein haustiersicheres Küchenregal: das hätten wir bei IKEA nicht bekommen. Eines Tages sahen wir, wie die Bärin unter dem Überhang stand und sich mit einer Pranke wie ein Kletterer an einem Untergriff hinauslehnte und mit der anderen Pranke nach den Tonnen langte, zu denen ihr nur wenige Zentimeter fehlten. Sollten wir hoffen, daß sie abstürzte und sich den Hals brach? Wir hofften nur, daß sie uns endlich in Frieden ließ.

Wir schleppten Lasten Richtung Einstieg, neben Kletterausrüstung Brennstoff und Lebensmittel für zwei Wochen in der Wand. Am letzten Tag, buchstäblich wenige Stunden vor unserem Aufbruch, erschien Jusuf im Lager und bot sich als Koch und Wächter an. Er hatte von uns gehört. Er wirkte ehrlich. Und er hatte ein Schrotgewehr.

Uns blieb keine Wahl. Wir vertrauten ihm das Lager an und stiegen ein.

Unser Material füllte zwei knallrote pralle Haulbags, die waren so schwer und so regungslos wie zwei tote Schweine. Bigwallausrüstung für die technischen Seillängen, volle Eisausrüstung für das Eisfeld zwischen Pfeiler und Gipfelwand, Schlafsäcke, Matten, Portaledge, Brennstoff und Verpflegung für knapp zwei Wochen. Die Schwierigkeiten des Transports übertrafen die Schwicrigkeiten der Kletterei bei weitem. Wir zerrten an den Haulseilen wie Galeerensträflinge an den Rudern, gestraft vor allem durch einen idiotischen Knackpunkt: Die meisten Seillängen waren zu einfach. Eine Vierer- oder Fünferlänge hattest du in fünf Minuten geklettert, aber an den Stufen und Blöcken im flachen Gelände verklemmten sich die Säcke immer wieder so hoffnungslos wie ein Schwein, das durch ein Schlüsselloch kriechen will. Die schweren, also glatten, kompakten und steilen Längen machten nicht halb soviel Arbeit.

In der zweiten Nacht warf das Portaledge Hans und mich – Toni war mit der Einpunkthängematte an der Reihe – ab. Wir wußten noch nicht, daß man die nach außen hängende Seite des Metallrahmens nach unten abspannen mußte: Während wir es uns bequem machten, bekam unser Wandbett Schlagseite und neigte sich immer mehr nach innen, bis die Außenseite parallel zum Fels himmelwärts zeigte. Wir rangen mit den Selbstsicherungen und den normalen Abspannschnüren wie weiland Laokoon mit den Meerungeheuern. Ich stieg aus und stand in Socken auf dem benachbarten Absatz. Wir spannten das Portaledge neu ab. Der Mond lächelte wissend. Uns stand noch viel bevor.

Am dritten Tag jümarten[4] wir die fixierten technischen Längen vom Vortag hinauf und kletterten ein Stück weiter bis unter den etwas kompakteren Hauptaufschwung des Pfeilers. Einige hundert Meter über uns sahen wir einen winzigen roten Punkt: den Haulbag von Michi und Jürgen, geradezu irreal klein in dieser Bergkulisse, die wirkte wie das Kinderzimmer einer Titanenfamilie. Als man noch Kind war, da war alles riesig: eine Tür, ein Auto, ein Fahrrad. Und die Dinge hier erreichten auch eine merkwürdige Größe. Die tausend Meter hohe Westwand, die den Pfeiler nach links begrenzte, war glatt wie eine Litfaßsäule und überhängend wie der Schiefe Turm von Pisa. Zwischen Gipfel und Einstieg insgesamt über zweitausend Höhenmeter, ein gutes Stück mehr als die

Eiger-Nordwand, oder erst die Drus oder den El Capitan und die Droites obendrauf. Ringsum Fünf- und Sechstausender im Dutzend, zum großen Teil noch unbestiegen. Und in dem kleinen roten Fliegendreck an der granitbraunen Kinderzimmertapete waren die Überlebensmittel von zwei von uns: von *unseren Jungs* da oben, die in ihrer Nußschale über diesen steinernen Ozean ruderten. Kein Segel, kein Außenborder. Alles in Handarbeit. Zu Fuß nach Amerika.

Am vierten Tag fixierten wir genau zwei Längen, mehr war nicht zu tun. Eine Bigwall-Seilschaft war ein sehr schwerfälliger Apparat. Immer wieder gab es stundenlangen Leerlauf, ein Phänomen, das beim normalen Alpinstil niemals auftaucht. Jeden Abend um halb neun erfuhren wir über Funk, wie es *unseren Jungs* heute ergangen war. Sechs Tage vor uns waren sie eingestiegen, und jetzt waren sie eineinhalb Wochen unterwegs. Für all die Arbeit des Haulens und Führens hatten sie nur zwei Paar Hände, und allmählich holten wir auf, auch dank der Routeninformationen, die sie uns jeden Abend gaben. Heute fuhr eine Windböe in ihr Portaledge, während sie draußen beim Klettern waren, und ihre Thermosflasche fiel heraus und sauste knapp an Toni und mir vorbei. Immerhin konnten wir erkennen, daß der Deckel nicht drauf war.

Am fünften Tag stand uns die für unsere Verhältnisse enorme Distanz von sieben Seillängen bis zum nächsten Biwakplatz auf einem großen Absatz bevor. Ich führte in praller Sonne einen Schulterriß, in dem ich in meinen dicken Überhosen so außer Atem geriet, daß mir schier schwindelig wurde. Beim Haulen über einem Kamin wurde ich beinahe wahnsinnig, weil sich der rote Sack immer wieder grunzend und schabend wie ein tollwütiges Trüffelschwein in die Tiefen des Kamins wühlte. Im Hamburger Hafen hatte ich bis zu tausendvierhundert Zentnersäcke pro Tag geschleppt, aber dieser Mistsack war entschieden schlimmer. In der Dämmerung erreichten wir den Biwakplatz. Kein Portaledge mühsam aufbauen, einfach hinlegen, wunderbar. *Unsere Jungs* ließen weiter oben ihr Portaledge zurück und erreichten den Ausstieg des Pfeilers. Sie konnten die Kletterschuhe wegstecken und die Steigeisen auspacken. Vom Gipfel trennten sie noch siebenhundert Meter Eisfeld und die zwei- bis dreihundert Meter hohe Gipfelwand. 1977 war der Ogre von den zwei britischen Alpinlegenden Doug Scott und Chris Bonington erstmals bestiegen worden. Beim Abstieg, gleich unterhalb des Gipfels, brach sich Scott beide Unterschenkel. Bonington brach sich ein paar Rippen, das Wetter wurde schlecht, sie hatten nichts mehr zu essen, Scott konnte nur kriechen, sie brauchten eine Woche bis ins Basislager, aber sie überlebten. Eine Tapferkeitsmedaille der Queen lehnte Doug Scott ab: wenn, dann sollten auch seine Freunde eine bekommen, die ihm heruntergeholfen hatten. Seitdem war niemand mehr oben gewesen. Michi und Jürgen fehlten noch zwei, vielleicht drei Tage.

Sechster Tag. Hans war wieder an der Reihe mit Führen, und wir erreichten das von heftigen Böen zerschlagene Portaledge der beiden anderen. Ich fühlte mich schlecht, weil ich mich am Vortag beim Haulen überanstrengt hatte. Hans fixierte, von Toni gesichert, die schwierigsten Längen des Pfeilers – unterer siebter Grad bei drei Grad über Null –, während ich das Portaledge aufbaute. Michi und Jürgen gruben sich auf halber Höhe des Eisfelds eine Höhle und gaben uns per Funk einen Tip: Der kleine dreieckige Zacken am Horizont, knapp links des Sechstausenders uns gegenüber, das war der K2. Ein herrlicher Sonnenuntergang ließ unsere Stimmung steigen. Wir sahen hinaus auf den endlosen Eisstrom des Biafogletschers, einen der längsten Binnengletscher der Erde, über dessen Rücken wir zwanzig Kilometer unseres Anmarsches zurückgelegt hatten, und ein endloses Panorama schneebedeckter Gipfel, spekulierten, welcher von ihnen der Nanga Parbat sein könnte. Und wir sahen den Ogre-Stump, jenen Felsturm, der die Sicht auf das Basislager versperrte. Hielt Jusuf die Stellung? Oder lagen die Bären zufrieden rülpsend auf den eingerissenen Zelten? Morgen oder übermorgen konnten unsere Jungs den Gipfel erreichen, wir drei vielleicht schon einen Tag nach ihnen.

Siebter Tag. Toni war mit Führen an der Reihe und jümarte als erster die von Hans fixierten Plattenlängen hinauf. Mir ging es immer noch schlecht wegen der Haulerei zwei Tage zuvor, und Hans nahm mir Gepäck ab. Mit einer ungeheuren Willensleistung schaffte er als dritter einen riesigen Rucksack und einen enormen Haulbag hinauf. Doch währenddessen zog das Wetter zu, es begann zu schneien. Wir hingen in den Wolken auf knapp sechstausend und sahen nicht mehr viel. Die nächsten Längen waren bei diesem Wetter zu schwierig. Wir seilten wieder ab zu unseren Portaledges – Hans hatte sich das andere notdürftig repariert – und warteten. Das Wetter blieb schlecht. Uns wurde klar, wie weit draußen wir hier waren, falls irgend etwas ernsthaft schiefgehen sollte.

Über Funk erfuhren wir, daß Jürgen und Michi auf 6700 Meter wegen Lawinengefahr zu ihrer Schneehöhle umgekehrt waren und den Gipfel aufgegeben hatten. Bis der Hang unter der Gipfelwand wieder sicher sein würde, müßte man mehrere Tage verstreichen lassen. Aus der Traum. Wir wollten auf sie warten und gemeinsam absteigen. Die Nerven, es bis zur letzten Tütensuppe auszureizen, hatten wir nicht. Es war unsere erste große Expedition.

Achter Tag. Nichts zu tun. Immer wieder steckten wir den Kopf aus der Plane und sahen an dem vereisten Seil hinauf. Irgendwann mußten dort aus dem Nebel die Gestalten unserer Freunde auftauchen. Wie würden sie aussehen, wieviel Kraft würden sie noch haben nach zwei Wochen am Berg? Schnee floß wie lautloses Wasser die Platten herab und setzte sich zwischen Fels und die Plane des Portaledge. Ich lag auf der Innenseite und wurde zwischen der Plane und der senkrechten Stofflasche der Innenabspannung sanft eingeschlossen wie auf einer Vakuum-Matratze. Toni kochte für uns alle, während Hans in seinem notdürftig reparierten Portaledge hing und sich möglichst wenig bewegte.

Am späten Nachmittag klimperten leise ein paar Karabiner zwanzig Meter über unserem Wandlager. Ein riesiger Rucksack schwankte dort hin und her: Michis Rucksack. Da war Michi. Er war es tatsächlich. Toni stieg hinaus auf den Absatz, um ihn zu begrüßen. Ich kniete gerade im Portaledge und zog mir etwas an, als Michi stürzte. Der Schnellverschluß-Karabiner, an dem er abseilte, war in nicht arretierter Stellung eingefroren, und aus irgendeinem Grund sprang das Seil aus dem Karabiner. Er stieß einen leisen Schreckensschrei aus und versuchte, sich mit seinen eisverkrusteten Handschuhen an dem eisverkrusteten Seil zu halten, vergeblich, und sauste abwärts. Nach zehn Metern schlug er mir auf den Kopf, hielt sich immer noch am Seil fest und tauchte, auf diese Weise wenigstens mit den Füßen voraus, in den Neuschneehaufen auf einem halbmeterbreiten Absatz fünf Meter unter uns und kam zum Stehen. Er hatte nicht einen Kratzer. Ich hatte einen Schlag auf meinen Kopf bekommen und gespürt, wie ein Körper an der Plane abglitt. Jetzt waren wir einer weniger. Michi war weg. Wenn er es nicht war, dann war von weiter oben Jürgen abgestürzt. Mein Gott, wir hatten einen Toten, und der ganze elende, lange Abstieg hatte eben erst angefangen. Es war zum Heulen.

Wir riefen durcheinander, ich steckte den Kopf hinaus: Da unten stand er und hängte sich eben wieder ins Seil. Michi hatte einen begonnenen Neunhundert-Meter-Sturz nach fünfzehn Metern auf einem schmalen Absatz unbeschadet abgebrochen. Wir waren weiterhin vollzählig. Ich hatte immer das Gefühl gehabt, in meinem Kopf befände sich nur Mist, und jetzt hatte ich mit diesem Kopf Michis Sturz ein wenig gebremst. Mein Schädel hatte vermutlich Anteil an etwas Positivem: eine im Moment nebensächliche, aber neue Erfahrung. Jürgen seilte zu Toni und mir ab, ich umarmte ihn. Seit zwei Wochen hatten wir uns nur am Funk gehört, mit ihnen gelitten und gehofft. Zwei Wochen, so lange fahren andere an die Riviera. Der kleine, zähe Bayer mit den blond gefärbten Haaren und der phänomenalen Höhenanpassung war Heeresbergführer und hatte sich für zehn Jahre bei der Bundeswehr verpflichtet. Vor dem ersten Vorbereitungstreffen war ich mißtrauisch gewesen, wie ich mich mit jemandem vertragen könnte, der freiwillig zur Bundeswehr ging. Nach fünf Minuten im Auto insistierte er bei Expeditionsleiter Michi, daß wir auf jeden Fall diese tollen Konserven mit der Schweinskopfsülze mitnehmen müßten: Auftakt zu einer blendenden Freundschaft. Jetzt allerdings wirkte er ziemlich müde. Er schien überhaupt nicht zu bemerken, wie schief ihm seine Gletscherbrille im Gesicht hing.

In unserem kleinen Wandlager war kein Platz für uns alle, und drei Seillängen tiefer kam das große Band. Michi und Jürgen seilten weiter ab zu diesem Band, wo wir sie am nächsten Morgen abholen wollten. Hans jümarte an unseren vereisten Fixseilen hinauf und baute sie ab. Toni und ich warteten dankbar ein paar bange Stunden, bis er mit den Stricken im Rucksack zurück war. Für den Abstieg würden wir die Seile eventuell noch benötigen.

Die letzte Nacht am Pfeiler verbrachten wir zu dritt sitzend in dem intakten Portaledge. Die Batterien des Funkgeräts leisteten kaum mehr ihren Dienst, aber für eine schlechte Nachricht reichte es noch. Beim Abseilen hatte sich ein Seil verhängt, und als Jürgen hinaufkletterte, um es freizumachen, war er sechs Meter gestürzt und hatte sich verletzt. Danach, auf dem Band, war er nicht mehr imstande, allein in den Schlafsack zu kommen. Michi hatte ihn hineinschieben und den Reißverschluß schließen müssen. Ich versuchte, ihnen Mut zuzusprechen, bis mir die Stimme versagte. Vermutlich war das überflüssig, aber mich würgte das Mitgefühl. Wenn Jürgen – und danach sah es aus – nicht aktionsfähig war: wie in aller Welt sollten wir hier je mit ihm herunterkommen?

Ich bereitete mich innerlich darauf vor, den Rückzug in die Hand zu nehmen. Nicht, daß die anderen das nicht auch gekonnt hätten, aber ich spürte diese selten klare Gewißheit: Das ist dein Job.

Beim Aufbruch am Morgen schluckten Unmengen von Neuschnee und dichter Nebel den Schall, und in geradezu gespenstischer Stille verließen wir unser kleines Lager, in dem wir fast drei Tage verbracht hatten. Manchmal riß der Nebel auf und gab den Blick frei auf die ebenfalls im Neuschnee schlummernden Nachbargipfel. Wir ließen die Portaledges und anderes Material hängen, Stilbruch und Umweltsünde, aber wir hatten einen Verletzten, da ging es um Schnelligkeit, da war uns alles wurst. Wir hatten unser Boot weit hinausgestoßen, nun ging es nur noch darum, den Heimathafen wieder zu erreichen, ohne daß jemand über Bord fiel. So lange hatten wir gebraucht, um hier heraufzukommen, so viele Mühen investiert, und nun mußten wir so schnell wie möglich wieder hinunter. Alles umsonst? Auch wenn die Chancen, lebendig unten anzukommen, trotz eines Verletzten sehr günstig standen, war Überleben nun das Thema, nicht der Gipfel. Wer nie gedurstet hat, weiß nicht, wie kostbar Wasser ist, und wer nie unter *survival mode* agiert hat, der ahnt nicht, wie schön es sein kann, einfach festen Boden unter den Füßen zu haben und »zu danken, daß man ruhig im Bette liegt und guten Kaffee trinkt und den Kopf noch so recht komfortabel auf den Schultern sitzen hat«.[5]

Wir erreichten die beiden, und allen fiel ein Stein vom Herzen: Jürgen hatte sich erholt. Er hatte zwar weiterhin Schmerzen an den Rippen und am Steißbein, war aber aktionsfähig. Ich schloß Michi, den ich gestern verpaßt hatte, in die Arme. Er roch aus dem Mund. Kein Wunder vermutlich, nach fünfzehn Tagen. Fünfzehn Tage Pulverkaffee, gefriergetrocknetes Müsli und gefriergetrocknetes Abendessen. Einen Bürojob hätten wir bei dem Essen nach fünf Tagen hingeschmissen.

Wir hatten von Anfang an geplant, über dieselbe Route wieder abzuseilen und die Stände bereits eingerichtet. Wo die Route über zwei Kanten lief, über die man die Seile schwer würde abziehen können, hängte ich ein Hundertmeterseil ein und baute ein paar Zwischenfixierungen. Einen einzigen zusätzlichen Standplatz mußte ich bauen. Alles, alles ging glatt. Ich war beeindruckt von Jürgen, der mit keinem Wort über seine Schmerzen klagte, die schlimm sein mußten, sobald er mit Oberkörperspannung im Abseilsitz hing, und von Michi, dem man die sechs Tage mehr nicht anmerkte. Die beiden hatten die am längsten nonstop in einer Wand verbrachte Zeit deutscher Alpinisten seit der Eiger-Direttissima vom Winter 1966 beinahe hinter sich. Alles ging sehr still vor sich. Jeder wußte, was er zu tun hatte. Allmählich kamen wir dem Fußboden näher. Das Gefühl einer uns unsichtbar umklammernden Bedrohung ließ nach. Und eine stille Trauer über unseren verlorenen Traum hing in der kühlen, feuchten Luft, die uns umgab.

Nachmittags rissen die Wolken auf, und langsam schloß ich mich der Meinung der anderen an, daß wir wirklich noch heute den Gletscher erreichen würden. An einer der letzten Abseilstellen wurde es noch einmal spannend. Unter einer überhängenden Zone hing ich frei im Seil, während die Seilenden unter mir im Leeren schwangen wie zwei lange Angelschnüre. Einige Meter rechts vor mir steckte ein Profilhaken in einer kleinen Kanzel, die ich nicht anzupendeln imstande war, da ich weder mit den Füßen noch mit den Fingern den Fels erreichen konnte. Das Seil war leicht krangelig, so drehte ich mich langsam im Kreis. Das Profil des Ogre sauste seitlich durch mein Blickfeld wie in einem Daumenkino. Ein kleiner, klassischer alpiner Alptraum, aber die Lösung war am Ende ganz offensichtlich: erstens den Abseilachter blockieren, zweitens den Rucksack abnehmen und ins freie Seil unterhalb knoten, drittens mit dem übrigen Seil und ein paar drangeknüpften Haken und Klemmkeilen nach einer Felsschuppe Lasso werfen. Das Seil blieb schließlich hängen, der Rest war Routine.

Als wir das kleine Eisfeld abstiegen, das hinauf zum ersten Turm des Pfeilers führte, stollte der weiche Nachmittagsschnee unter den Steigeisen. Ich legte die Eisen ab und mußte feststellen, daß das Firneis unter der Schneeauflage dann doch zu hart war, um ohne Eisen zu gehen. Es war mein neunter Tag. Ich war zu faul, um sie wieder anzuziehen. Es blieb die Möglichkeit, mit einem Eisbeil als Bremse auf dem Hintern abzurutschen. Der Bergschrund unterhalb war geschlossen, soviel wußte ich noch vom Aufstieg, und der Schneehang unter dem Schrund war flach. Ich konnte nicht in den Bergschrund fallen, das machte mich sicher. Die anderen schauten besorgt zu. Prompt verlor ich die Kontrolle, schoß über den Bergschrund – Auweia!, aber macht nichts, dachte ich – und kraterte saltoschlagend zwischen betonharten Eisblöcken ein. Das war knapp. Die Eistrümmer hatte ich vergessen.

Egal. Es war warm, wir waren heil, wir waren vollzählig. Aus Erleichterung – und nicht nur vor Erschöpfung – wurde wenig gesprochen. Ringsum war wieder alles ziemlich waagrecht. Man konnte wieder geradeaus gehen. Willkommen auf der Erde.

Hans führte die müde bergab stolpernde Fünferseilschaft zu unserem Materialdepot, wo wir alles Material bis auf die Schlafsäcke aus den Rucksäcken leerten. Noch eine gute Stunde bis zum Basislager und die bange Frage, ob wir dort glückliche Bären oder einen freundlichen Jusuf antreffen würden.

Jusuf war da. Er hatte sich Nahed als *Helper* geholt, und die Welt war in Ordnung. Er hatte ein einziges Mal mit seiner Büchse geschossen, und die Bärin war nie wieder aufgetaucht. Wir hatten viel abgenommen und fraßen und tranken und lachten bis spät in die Nacht. Wir waren wieder unten. Knapp zehn Tage blieben, bis die bestellten Träger für den Abbruch des Lagers kamen. Jeder mußte noch einmal hinauf zum Depot, um das letzte Material herunterzuschaffen, sonst gab es die lieben langen Tage nichts zu tun. Außer Essen, Lesen, Kartenspielen, Schach und Schlafen. Über all jenem wohligen Müßiggang hing leise die innige Freude, daß wir alle noch lebten.

Wir freuten uns auf Captain Fakhar, der im K2-Hotel in Skardu auf uns wartete, und vor allem freuten wir uns auf eines: nach der Expedition nicht gleich nach Hause zu fliegen, sondern noch gemeinsam zwei Wochen ganz normalen Urlaub in Pakistan zu verbringen. Wir machten Urlaub mit Hotel und Taxi, wir fuhren nach Lahore, wir flogen nach Peshawar, wir sahen uns mit großen Augen um. Wir hatten es uns verdient.

Es gibt im englischen Sprachraum drei goldene Regeln für Expeditionen: Come back alive, come back friends, get to the top – in that sequence. Die ersten beiden Punkte hatten wir tadellos erfüllt.

3 Zerlegbares Wandbett mit Ein-Punkt-Aufhängung
4 Aufstieg mit Seilklemmen am fixierten Seil
5 aus: Heine, Die Harzreise

# Bigwall in Chamonix

### Französische Direttissima an der Drus

#### – man lernt sich kennen –

»Du bist allein«, nagelt mich der Katalane auf dem Zeltplatz in Chamonix fest. »Willst du was mit mir klettern? Ist mir egal, was.«

»Oöhh...«, zögere ich, »hast du hier schon viel gemacht?«

»Hier noch nicht. Aber ich war auf dem Mount McKinley und ziemlich lange im Yosemite Valley.«

»Also gut, ich würde gern die Bonattiführe am Capucin frei probieren.«

»Ist mir egal. Vamos!«

Bis auf einen Pendelquergang wegen Verhauer und eine nasse Seillänge gelingt das Vorhaben tatsächlich, und der Auftrieb ist enorm. Das gegenseitige Vertrauen auch.

»Bonattipfeiler?« fragt Elies.

»French Direct«, erhöhe ich.

»Okay, ist mir egal.«

Der freistehende Felsgipfel der Drus ist als Blitzableiter berüchtigt, daher ist sicheres Wetter Pflicht. Zweimal verschieben wir den Aufbruch wegen bevorstehender Abendgewitter, bis schließlich drei Tage Bombenwetter angekündigt werden. Eigentlich wollten wir eine andere Route machen, aber dafür ist die Vorhersage ohnehin viel zu warm. Ich hatte mich nie für die Französische Direttissima interessiert. Sie ist einfach nur die schwerste Tour, die wir unter den herrschenden Bedingungen machen können.

Mit unserem Bigwall-Gepäck gestaltet sich der Weg hinauf zum Biwakplatz an den Flammes de Pierre ziemlich mühsam, es sind tausenvierhundert Höhenmeter mit all dem umfangreichen Material für technisches Klettern und drei Tage in der

Wand. Am späten Nachmittag setzen wir kurz vorm letzten Anstieg auf die Felsen der Südseite des Berges mit einem enormen Sprung über eine riesige Gletscherspalte. Bei diesem warmen Wetter verbreitern sich die Spalten mit Schneeauflage täglich ein wenig, und diesen Graben, der langsam wächst, müssen wir in ein paar Tagen wieder passieren. Das wird ein Problem, aber soweit sind wir noch nicht. Wenn wir soweit sind, daß die Spalte auf dem Rückweg ein Problem ist, dann haben wir ein größeres hinter uns. Vermutlich hat die Route bis jetzt noch keine zehn Begehungen.

Unsere skeptischen Gedanken vertreibt ein Gewitter, das außer uns auch ein Dutzend Kletterer am Bonattipfeiler erwischt. Wir werden naß bis auf die Haut.

»Elies, kennst du den Kalender im Wetteramt Chamonix?«

»Nein, warum?«

»Da ist immer erster April.«

In der Dämmerung erleben wir eine eindrucksvolle Demonstration der hiesigen Bergrettung: In knapp zehn Minuten fischt der Hubschrauber zwei in Not geratene Leute aus dem Bonattipfeiler. Begeistert verknipst Elies den halben Film.

### – erster Tag –

Bis zum Morgengrauen schnattern wir uns die nassen Klamotten trocken, und dann seilen wir ab. Besonders die letzten drei, vier Abseilstellen vom Einstieg des Bonattipfeilers weiter zu den mittleren Terrassen der Westwand, wo unsere Route beginnt, sind widerwärtig: eine kaputte Industrielandschaft aus Wasserfällen, Schnee, Bruch und Steinschlag. »Die Gedärme des Berges« nannte Reinhard Karl einmal so ein Gelände. Und alles ohne Helm, auweia, ... eine Schnapsidee von mir, der sich der sonst so sicherheitsbewußte Elies leider angeschlossen hat.

Der erste Teil der Route ist Freikletterei, dann kommen der rein hakentechnische Rote Pfeiler und schließlich noch sechs Längen der Amerikaner-Direttissima bis zum Ausstieg, insgesamt fünfundzwanzig Seillängen. Ich hatte vorgeschlagen, daß wir im ersten Teil den Rucksack möglichst wenig nachziehen, um Zeit zu sparen. Da ich nun schlecht sagen kann: »Steig' du mit dem Riesensack nach, ich finde das einfach praktischer«, muß ich den Part selbst übernehmen. Es geht los mit breiten Rissen, und die dritte Länge ist ein »off-width«, ein Körperriß.

»Wow, man! This will be crazy«, seufzt Elies und taucht hinein. Im Nachstieg ziehe ich mich an einem Friend hoch, der ganz tief hinten drinsteckt und mich staunen läßt: Er ist zwischen Fels und einer Eisschicht plaziert und hat tatsächlich gehalten. Der in allen Beschreibungen versprochene exzellente Fels ist hier unten leider ziemlich brüchig sowie häufig naß, wobei dies allerdings auch an der frühen Jahreszeit – es ist Mitte Juli – liegen kann. Vor dem ersehnten ›Fünf-Meter-A2/A3-Dach‹ übernehme ich die Führung. Das Dach entpuppt sich als leichter und kürzer als angegeben, ist aber natürlich trotzdem Klasse. Aber was zum Teufel macht das Wetter? Eine bedenklich schwarze Wolkenmauer treibt aus Westen auf uns zu und hüllt uns in Nebel und Sprühregen. Irgendwo rollt ein Gewitter, wahrscheinlich drüben an den Aiguilles Rouges. Wir versuchen, es zu überhören.

Glücklich erreiche ich das Robbins-Biwak nach der elften Länge, unser Tagesziel. Drei Routen kommen auf diesem Balkon »Zur schönen Aussicht« zusammen und trennen sich wieder: Amerikanische und Französische Direttissima und die Gross-Führe. Knapp rechts von hier hat sich neulich die französische Top-Alpinistin Catherine Destivelle in elftägigem Solo eine Neutour hochgeschuftet: Bonjour Catherine! Respekt, Respekt.

Leider gibt es auf dem Absatz keinen Schnee. Elies hatte vorgeschlagen, Wasserreserven mitzunehmen, was ich aus Gewichtsgründen ablehnte. Und nun haben wir nichts mehr zum Trinken und für morgen auch nicht.

»Elies!« rufe ich hinunter und tue möglichst lässig, »Eine gute und eine schlechte Nachricht: Wir können ... ääh ...

unheimlich viel Gas sparen, es ... es gibt ... ääh, tja ... es gibt nämlich überhaupt keinen Schnee hier oben.«

Aber auf eine Ecke des geräumigen Bandes tropft aus großer Höhe Wasser. Mit Hilfe der Rettungsdecke, des Rucksack-Innengestänges, des Eisbeiles sowie mit Haken und Steinen konstruiere ich dort einen großen Trichter. Weil mir in einem anderen Biwak einmal der Kocher umgefallen war, hat die Aluminiumfolie zufällig an der goldrichtigen Stelle ein Loch, unter das ich den Topf stellen und das kostbare Wasser auffangen kann. Eine phantastische Konstruktion – mit eher zufälligen Hilfsmitteln lösen wir die vertrackte Lage auf und gewinnen mehr Wasser als wir verbrauchen können.

»Wow, man«, meint der Katalane, »als du mir runtergerufen hast, daß hier kein Schnee ist – I was going to kill you!«

Glück gehabt.

### – zweiter Tag –

Zur vereinbarten Uhrzeit kurz vor Dämmerung weckt mich Elies und beginnt unverzüglich mit den Aktivitäten. Es verlangt immer wieder eine Menge Disziplin, um in diesem Moment nicht wie eine kalte Eidechse noch eine halbe Stunde starr und steif liegenzubleiben.

»Tapfer, tapfer, Elies! Hast du schon viele Wandbiwaks gemacht?«

»Nö, eigentlich nicht, das hier ist mein viertes. Und du?«

»Ungefähr fünfundzwanzig.«

Der Rote Pfeiler, der hier beginnt, gibt der »Directissime Française« die Linie vor. Er ist zwar nur mit A2 bewertet, dafür aber überraschend schwer. Die Standplätze sind einge-richtet, pro Seillänge stecken zwei bis drei Zwischenhaken, mehr nicht. Die A2-Passagen erfordern reihenweise Stopper Nummer 0 und RP's; wenn uns hier der Karabiner mit den Mikrokeilen runterfliegt, können wir abseilen. Jeder einzelne der acht Haken, die wir mitführen, wird mindestens einmal geschlagen.

»Just enough equipment, just enough!« grinst Elies. Wir hängen in unseren Trittleitern und basteln fröhlich im kompakten, roten, leicht überhängenden Fels – ein grandioses Stück Berg. So ähnlich muß es in den letzten Seillängen der berühmten »Salathé« am El Capitan aussehen. Es dauert nur alles ziemlich lange. Für die dritte Seillänge brauchen wir heute mit Vorstieg, Nachziehen des Rucksacks plus Nachstieg drei Stunden – ein Tempo, das einen im Hochgebirge nervös werden läßt. Wir hätten Jümars für den Seilzweiten mitnehmen sollen, dann ginge alles schneller. Elies benutzt keine Fiffihaken, weder am Gurt noch an den Leitern, und ist trotzdem verdammt schnell beim hakentechnischen Klettern. Alles an ihm ist eigenwillig. Das fängt damit an, daß er mit mir englisch statt spanisch redet. Dabei ist mein Spanisch nicht schlechter als mein Englisch, und für ihn ist Spanisch die zweite Muttersprache. Aber eben nur die zweite.

»Meine Sprache ist Katalanisch, OK? Spanisch rede ich nur mit Spaniern.«

Der Zufall wollte es, daß er nur deswegen hier in Chamonix ist, weil seine Expedition wegen Verletzungen der anderen Partner ausfiel. Sie wollten ausgerechnet zum Ogre, jenem Berg in Pakistan, wo ich im letzten Jahr mit Hans, Toni, Michi und Jürgen am Südpfeiler herumgekreuzt bin.

Ebenso beeindruckt wie müde hängen wir an den Schlingenständen in den Seilen. Eigentlich sollte dieser Ausdruck vom Klettern stammen und nicht vom Boxen. Die Schlingenstände – ich weiß schon nicht mehr, wie viele nacheinander – sind elend unbequem, anstrengend, mehr als lästig. Einen pro Tour finde ich immer schön zünftig, aber allmählich hängt mir das Gebaumel am Stand zum Hals heraus. Zudem beunruhigt uns das Wetter. Immer wieder hüllen uns dichte Wolken in Nebel. Niemand klettert in der Amerikanischen Direkten, niemand am Bonattipfeiler, zwei normalerweise überlaufene Routen. Eigentlich kann das nur heißen, daß der verdammte Wetterbericht umgekippt ist?! Alles, bloß das nicht.

Kinder singen im Wald, wenn sie Angst haben, und wir singen jetzt auch. Wenn nur das Wetter... !

Wir hängen am Stand, Elies übernimmt das Material. »I kill the weatherman«, flüstert er, »I kill the weatherman!«

Unten im Couloir tost der Nachmittagssteinschlag, als würden dort Häuser abgerissen. Trotz allem – ein famoser Platz ist das schon hier oben am Roten Pfeiler. Ich betrachte den Abgrund, aus dem wir kommen, schaue hinauf, wo mein Partner klettert, und wieder hinab, wo meine Füße mit all der Luft unter den Sohlen in den Trittleitern stehen. MEINE Füße sind das hier oben, ein Umstand, der mich in großen Routen immer wieder mit Staunen erfüllt. Ich, ich, ich: ich bin hier, *on the wall*. Obwohl nur ich es bin. Noch mehr verwundert mich allerdings, wie manche anderen Leute an solch abgefahrenen Orten nach sich selbst suchen. Mich selbst finde ich doch am wahrscheinlichsten dort, wo ich mich am häufigsten aufhalte, also im Bett, in der Kneipe oder auf dem Klo. Wer jahrelang in die Berge geht und sich dabei nicht findet, sollte es einmal beim Optiker probieren. Was ich hier oben suche, sind eigentlich nur die Standplätze, Abenteuer und den nächsten Schokoriegel in der Anoraktasche. Nein, ich weiß nicht, was ich hier suche, und es ist auch vollkommen wurst. Du muß nur wissen, ob du klettern willst oder nicht, ob es dir unterm Strich Spaß macht oder nicht. »Was einer Begründung bedarf, ist keiner Begründung wert«, schrieb Voltaire. Er wird Wichtigeres gemeint haben als Bergsteigen, aber es stimmt auch hier.

Elies macht mit unserem Sechzig-Meter-Seil wieder zwei Längen auf einmal, und wir befinden uns auf dem Riesenbiwakplatz am Ende der eigentlichen Französischen Direttissima. Wieder ein großartiger Vorstieg von ihm. Mit dem Katalanen habe ich einen phantastischen Partner erwischt, schnell, effizient, sicherheitsbewußt und ein sehr angenehmer Mitmensch, einer, der schnell zum Freund wird. Am Biwakplatz gibt es Schnee, gute Aussicht und jede Menge Platz.

Wir haben zwei Möglichkeiten: entweder zwei Längen fixieren und hier bequem übernachten oder noch so weit wie möglich klettern und wahrscheinlich ziemlich mies biwakieren. Da wir einen Wettersturz befürchten, klettern wir weiter, um morgen den Berg so schnell wie möglich verlassen zu können. Wie ein Déjà-vu erkenne ich ein Stückchen weiter links in der Wand den Absatz, wo ich mit Jörg in der Amerikanischen Direkten biwakiert habe. Nur einen Steinwurf entfernt, aber schon sechs Jahre her.

Beim Pinkeln bemerken wir, wie sehr unser Urin bereits nach Dehydration stinkt. Unsere Bewegungen werden zäher, mühsamer. Der Nachstieg mit dem immer schwerer werdenden Rucksack in einer von Elies halb technisch, halb frei gelösten schwierigen Länge gibt mir den Rest. Natürlich ziehe ich mich an allem, was da hängt, hoch, aber es ist einfach zu steil und zu anstrengend. Anschließend will ich weiter vorsteigen, muß aber schon nach zehn Metern Stand bauen. Ich kann nicht mehr. Zum ersten Mal bei fünfunddreißig Chamonix-Routen bin ich so fertig, daß ich nicht mehr führen kann. Absurderweise verspüre ich darüber eine gewisse morbide Befriedigung. Wahrlich, die Wege der eigenen Psyche sind wunderbar und seltsam. Elies macht weiter, und der blöde Rucksack bleibt bei mir. Ich stehe frierend in der pechschwarzen Nacht in einem triefnassen, tropfenden Kamin und habe keine Lampe. Vor meinem Sicherungskarabiner wuchert mit beängstigender Geschwindigkeit ein dicker Seilkrangel, ein Strang neun, der andere neun Komma acht Millimeter dick, beide naß. Wie sollen meine Hände die zwei Seile voneinander unterscheiden?

Wiederholt schlafe ich im Stehen ein. Dann muß ich irgendwie nachsteigen. Wasser rinnt mir in die Ärmel, wie nach Rettungsringen schnappe ich nach den langen Schlingen, die Elies für mich eingehängt hat. Es sind die unpräzisen Bewegungen eines Betrunkenen. Wahrscheinlich muß man von Glück reden, daß es naß ist; es könnte ja auch vereist sein.

Schließlich biwakieren wir. Dem elend kleinen Sitzplatz können wir optimistisch zwei Vorteile abringen: Erstens ist es schon mitten in der Nacht, so daß nicht mehr so viele Stunden zum Frieren übrigbleiben, und zweitens haben wir nur noch zwei leichte Längen vor uns, den Ausstieg also in der Tasche. Andererseits ist dies auch einer jener Augenblicke, in denen man lächelnd fünfhundert Mark für eine zweite lange Unterhose zahlen würde. Es wird furchtbar kalt, es gibt weder Schnee noch Wasser. Mit trockenem Mund und klappernden Zähnen nagen wir an unserer letzten Schokolade – Epikurs verirrte Epigonen beim Picknick dritter Klasse. Wir bekommen nicht einmal alles runter, der Durst ist das Hauptproblem.

Du kauerst dich neben deinem Partner zusammen, überlegst, ob du ihn vielleicht ein bißchen weiter zur Seite drängen sollst, damit du wenigstens *etwas* besser sitzen kannst und stoppst noch schnell auf einem schmalen Grat von Fairneß, bevor du in den nackten Egoismus abstürzt. Aber langsam stürzt du trotzdem. Dein Herz, deine Hoffnungen, deine Begeisterung, die dich überhaupt erst hierher gebracht hat, in neunhundert Meter Wandhöhe an der Drus, all das stürzt langsam ins Bodenlose, ein emotionaler Sturz ins Leere mit verbundenen Augen. Grob zu vergleichen mit Nächten, in denen man besoffen und reuevoll ins Bett sinkt, alles dreht sich, du betest, daß du dich nicht übergeben mußt, fragst dich, warum zum Teufel du soviel getrunken hast, erkennst, daß es ein Fehler war und es jetzt erbarmungslos zu spät ist: Da mußt du jetzt durch.

»Warum!!!? O bitte, lieber Gott, laß es wieder hell werden!«

Wenn du die Augen wieder aufmachst, wird es geringfügig besser. Ich bekomme das merkwürdig plastische Gefühl, als sei ich im Haus der eigenen Psyche nach langen Wanderungen durch Keller, Wendeltreppen und gewundene Gänge in einen abgelegenen Flügel des Gebäudes vorgedrungen und endlich in einem hellen, kahlen Raum gelandet, dessen Schwelle ich schon einige Male knapp überschritten habe, aber noch nie in der Mitte des Raums gewesen bin wie diesmal. Durch ein

Fenster zu einem Nebenraum entdecke ich eine Schrift an der Wand, die ich noch nie gesehen haben konnte, ein wichtiges Geheimnis also, und fatalerweise steht da: »Wer das liest, ist doof.« Mit anderen Worten: Es ist alles umsonst, du Trottel, sieh ein, daß extremes Bergsteigen Unsinn ist. Eine ziemlich ernüchternde Botschaft, dazu in dem jammervollen Zustand, in dem wir beide uns befinden.

Resignieren, warten, frieren, mehr ist nicht zu tun.

## – dritter Tag –

Um acht Uhr morgens erreichen wir die Schulter des Bonattipfeilers und kochen Tee. Einige Stunden später schmoren wir in der Sonne neben unseren Klamotten auf den Flammes de Pierre und kochen den nächsten Hektoliter Tee. Als wir schließlich unten vor der großen Spalte stehen, erschrecken wir mächtig. In dieser Richtung ist eine Überquerung mit Rucksack völlig unmöglich. Elies tritt sich einen Absprungplatz am Spaltenrand fest und zählt laut, wobei zum ersten Mal, seit ich ihn kenne, seine Stimme deutlich zittert. Bei »Three!« springt er, und er schafft es. Ich hänge den ersten Rucksack ins Seil, und er zieht ihn zu sich herüber. Dabei schneidet sich jedoch das Seil in den Spaltenrand ein, und durch Elies' vergebliches Zerren und Ruckeln bricht dort einiges an Schnee weg. Bis ich den Rucksack wieder bei mir herausgezogen habe, fehlt auch auf meiner Spaltenseite etwas Schnee. Die Zugbrücke beginnt sich zu heben.

Schließlich werfe ich die Rucksäcke hinüber, und Elies unterstützt mit Seilzug. Dann fehle nur noch ich.

»Wenn ich springe, mußt du ziehen, Elies!«

»Nein! Dann verlierst du das Gleichgewicht.«

»Doch, du mußt unbedingt ziehen, die Spalte ist doch jetzt breiter!«

Bei »Three!« springe ich aus dem Fußstapfen ab, den Elies zum Absprung benutzt hat. Er bricht mir weg. Mit dem Bauch lande ich auf dem gegenüberliegenden Spaltenrand, die Beine

– ich trage Shorts – hängen im Maul dieses Krümelmonsters aus Schnee. Das hat gerade gereicht.

»*We fucking got it, man!!* – Wir sind draußen!!«

Auf der Hütte leisten wir uns ein dickes Abendessen, und dann liegen wir prall wie die Mastgänse in den Betten, gerupfte Vögel, die noch einmal aus der Pfanne gesprungen sind. Unsere Hände sind vom hakentechnischen Klettern ziemlich zerfleddert, Haut fehlt, die Finger sind nahezu unbeweglich, geschwollen wie Wiener Würstchen, sehr steif und sehr schmerzhaft. Der Rest des Körpers ist schwer und pampig wie klumpiges Mehl. Draußen rumpelt ein Gewitter.

Während des Abstiegs ins Tal halten wir meistens die Hände hoch, als wollten wir uns ergeben. Doch sobald wir die geschwollenen Finger nach unten hängen lassen, staut sich das Blut, und der Schmerz nimmt zu. Nach insgesamt fünf Tagen kehren wir zurück in den Überfluß von Chamonix und stürzen gierig in den ersten Supermarkt. Vor der riesigen Obst- und Gemüsetheke bleiben wir ratlos stehen. Die plötzliche Wahlfreiheit kommt einfach zu unvermittelt. An der Drus hatten wir für ein paar Tage nur eine Wahl gehabt: das Richtige oder das Falsche zu tun.

# Hohe Wände, leere Taschen

## Nachruf auf den Zeltplatz Pierre d'Orthaz

Der blaßhäutige Kassierer hatte es nie besonders leicht. »How many day?« fragte er in routiniert-gebrochenem Englisch. »Wie lange bist du schon da?«

»Pas de monnaie«, erwiderte der lange Spanier lakonisch in ebenso akzentbetontem Französisch, »kein Geld.«

»How many day?« wiederholte der Franzose. Der Spanier zuckte mit den Schultern. »Pas de monnaie«, sagte er noch einmal. Der Kassierer zog ab.

Der »Camping Pierre d'Orthaz« an der Straße zwischen Chamonix und dem Dörfchen Le Praz war nicht irgendein Zeltplatz: Es war der billigste Zeltplatz von Chamonix. Und Chamonix am Fuße des Montblanc-Massivs ist das europäische Mekka der Bergsteiger. Das Montblanc-Gebiet ist nichts für Wanderer und auch nicht unbedingt für die Vertreter der Freikletterwelle. In Chamonix geht es in erster Linie um klassisches Bergsteigen, Klettern im Hochgebirge, dieses so oft als spießiges Heldentum verkannte Suchtmittel aus Sport, Abenteuer und Naturerlebnis.

Nirgendwo sonst auf dem alten Kontinent findet sich eine so große Auswahl erstklassiger und schwieriger Anstiege; das im Sommer vor Touristen brodelnde Städtchen in Hochsavoyen nennt sich nicht umsonst »Welthauptstadt des Alpinismus«. Um so berühmte Klassiker wie die »Amerikanische Direkte«, den »Walkerpfeiler« oder die »Droites-Nordwand« anzugehen, kommen die Kletterer bis von jenseits des Äquators und des Atlantiks. Und wenn sie knapp bei Kasse waren, gingen sie meistens auf »Pierre d'Orthaz« – Briten, Spanier, Polen, Tschechen, Slowaken, Slowenen, Schweizer, Deutsche, Österreicher, Bulgaren, Amerikaner, Australier,

Kanadier: eine kleine Open-air-Ausgabe der UNO-Vollversammlung.

Das Fehlen sanitärer Einrichtungen war vermutlich der Grund, der Nichtkletterer und die einheimischen Franzosen so verblüffend vollständig fernhielt. Die nach Ammoniak stinkenden Plumpsklos wurden nur von Neulingen und ganz Hartgesottenen benutzt. Duschen gab es auf anderen Zeltplätzen – verboten, aber umsonst. Die öffentlichen Duschen in der Stadt waren ein gutes Stück entfernt und hatten fast immer geschlossen, wenn man sie mal wieder dringend nötig hatte. Wasser erhielt man aus zwei Quellen im Wald, die über ein matschiges Weglein zu erreichen waren, welches nur nach längeren Schönwetterperioden ein Durchkommen trockenen Fußes gestattete. Manche Leute blieben lange und richteten sich häuslich ein: Dächer aus Plastikplanen wurden vor und über den Zelten aufgespannt, um primitive Tische gruppierten sich mitgebrachte und selbstgebastelte Sitzgelegenheiten. Ab und zu kamen auch die Besitzer der Straßencafés und schauten, ob sich nicht mal wieder einer ihrer Stühle oder Sonnenschirme hierher verirrt hatte.

Spezielle Attraktion war ein am Rande des Camps liegender Felsklotz (der nämliche »Pierre«) mit zahllosen Miniaturkletterproblemen: nur zwei bis drei Meter hoch, aber oft verteufelt schwer. »Bouldern« – so das Fachwort – am Felsblock war tägliches Training, Zeitvertreib und Gelegenheit zum Kennenlernen, der Marktplatz des Camps.

Gary aus Sheffield verbrachte Mitte bis Ende der achtziger Jahre jeden Sommer zwei bis drei Monate hier im »Valley«. Sein Repertoire von Stories über das Camp ließe jeden Abenteuerbuchautor vor Neid erblassen. Der legendäre Freßwettbewerb von zwei Dutzend Engländern anno siebenundachtzig zum Beispiel – sämtliche Lebensmittel waren von einem großen Supermarkt »gesponsert«. Wobei der Sponsor natürlich nichts von seinen guten Werken wußte. Garys Freund Victor wohnte im Zelt nebenan bei der Riesenpyramide aus

Bierflaschen – »Life is a bottlefield!« grinste er. Wer den blonden Victor sah, wie er sich, wenn die Mittagshitze ihn aus dem Zelt trieb, verkatert und mißtrauisch blinzelnd aus seinem Schlafsack schälte und fluchend begann, seinen Walkman zu suchen, der hatte es nicht leicht zu erraten, daß Victor damals noch Butler von Beruf war. Besonders die Briten, in der Szene als traditionsbewußte, spleenige Hardliner bekannt, reizten ihr Urlaubsbudget häufig mit geradezu sportlichem Wahnwitz völlig aus, jobbten zwischenzeitlich als Tellerwäscher oder ließen sich die Arbeitslosenunterstützung nachschicken.

Außer bei Freunden einer frühen Nachtruhe allgemein sehr beliebt: die Spanier mit ihrer ständig dudelnden Punkmusik und ihren üppigen gastfreien Fiestas. Bergsteiger aus Osteuropa finanzierten einen Teil ihres Urlaubs durch den Handel mit den begehrten russischen Eisschrauben aus Titan – in der ehemaligen Sowjetunion mit Material aus der Fabrik in Heimarbeit gefertigt, bei Polen und Tschechoslowaken gegen Seile und anderes aus dem Westen eingetauscht. Noch vor der großen Grenzöffnung konnten die Polen mit Hilfe des französischen Alpenvereins relativ frei einreisen: Jeweils auf dem Rückweg fuhren sie über Paris, wo sie vom Club Alpin Français Blankoeinladungen erhielten, die ihnen daheim zum Ausreisevisum verhalfen.

Wenn das Wetter mal wieder richtig schlecht wurde, hieß es im Tal ausharren, abwarten, die Sache aussitzen, gelangweilt, geduldig, passiv und unproduktiv. Viele jedoch reisten eiligst ab in die sonnigen Sportklettergebiete in Südfrankreich, kamen aber nie rechtzeitig zum nächsten Schönwetter nach Chamonix zurück. Das Ausharren auf dem Zeltplatz freilich war ein hartes Brot. Dauerregen weichte den Boden auf, Schlamm und knöcheltiefe Pfützen umgaben die matschigen Grasflächen. Polen, von den Westlern stets wegen ihrer spartanischen Polski-Fiats und der veralteten Bergausrüstung bemitleidet, brillierten dann mit kniehohen Gummistiefeln und hochseetauglichem Ölzeug. Engländer latschten stoisch barfuß durch den kalten Matsch: »So bleiben wenigstens meine Schuhe trocken!« Schlechtwetter bedeutete erzwungene Untätigkeit, Langeweile, ein verzweifelter Zustand.

Nach einer Woche Regen wurde der rituelle tägliche Gang in Richtung Wetterbericht zum Bittgottesdienst. Noch mitten in den tiefsten Orkantiefs verkündete das *Meteo* mit notorischem Optimismus eine Wetterbesserung für den letzten Tag der Vorhersage, um, wenn es dann wirklich schön wurde, vor Gewittern zu warnen. Die Vorhersage fürs Hochgebirge ist sicherlich besonders schwierig, Falsch war – und ist – sie in jedem Falle häufig.

Nach jedem Schlechtwetter füllte sich der Zeltplatz wieder, zogen die Berge Bergsteiger an wie Käse die Fliegen oder wie gewisse Strände die Lemminge. Wieder wollte man sein Glück versuchen, und wenn ein großer Wurf gelang, hatte sich alles gelohnt. Wäre das Wetter immer schön, man würde sich ja gar nicht mehr über diesen besonderen Zustand freuen. Je mehr man in einem Biwak gefroren hat oder je knapper eines vermieden werden konnte, desto großartiger ist das Erlebnis im Rückblick. Mit einem Wort – je schlimmer es war, desto überwältigender die Freude, wenn die große Wand endlich vorbei ist! In der Härte liegt die Würze; und oft in der Länge. Je härter, ernster und entbehrungsreicher es war, als desto glorreicher wird es von einem virtuosen Unterbewußtsein in der Erinnerung verklärt. Die Motivation für Nordwände ist ein kleines Perpetuum mobile der Selbstüberlistung.

In Deutschland besitzt Bergsteigen, wenn man ehrlich ist, ein merkwürdiges Image, noch immer prägen Luis-Trenker-Filme ein Bild vom schwindelfreien Verteidiger von Glauben und Heimat, edler als ein Edelweiß und dem Wilddieb ein Schrecken. Der einzig andere Berühmte aus der Branche, Reinhold Messner, hat zu einem besseren Verständnis der Dinge nicht unbedingt beigetragen. Sein rast- und a priori fruchtloses Suchen nach einem wahreren Ich trieb ihn zu epochemachenden Glanzleistungen, hat aber mit Motivation und Erleben des typischen extremen Alpinisten sehr wenig gemein. Typisch jedoch ist das Ausufern vom Hobby zur Sucht, die zumindest für ein paar Jahre Geld und Zeit des Befallenen verzehrt und seine Energie in bedenklichem Maße von beruflicher Tätigkeit ablenkt. Auffallend oft sind daher die Extremen auch extrem abgebrannt – nur die wenigsten guten Hähne aus diesem Metier werden fett. Klassische Antwort eines *Climbaholics* auf die Frage, was er denn außer Klettern und sonst noch so tue: »Trying not to work – ich versuche, nicht zu arbeiten.«

Vor ein paar Jahren wurde der Zeltplatz aus, wie es hieß, ›hygienischen Gründen‹ geschlossen; die Pilgergemeinde von Pierre d'Orthaz ward in die Diaspora geschlagen und nicht mehr gesehen. Es geht jedoch die Sage, daß das Volk von Pierre d'Orthaz in einer großen Kristallhöhle in der Nähe des Montblanc-Tunnels schläft, gestiefelt, gespornt und unrasiert. Ihre Bärte sind schon lang, denn sie schlafen einen langen Schlaf seit dem letzten Sommer von Pierre d'Orthaz anno alpinii 1991. Die Sage will wissen, daß sie noch im Schlafe stets ein Auge offenhalten, für den Fall, daß der Kassierer kommt. Und wenn eines Tages das Camp wieder öffnet und die Polizei die Lagerer nicht mehr vertreibt, dann wird Victor, der Butler, König der kletternden Chaoten, Langschläfer, Tagediebe und Trunkenbolde mit seinem beliebten Schwert *Whiskybottle* unter mächtigem Donnerhall gegen den Eingang der Höhle schlagen und sein Volk zurückführen ins Gelobte Camp, und mit klingender Rüstung werden sie sich erheben und wieder über das Tal und über die Supermärkte herfallen *(jus' like in the good ol' days)* und sich anschließend auf der Wiese von Orthaz versammeln. Auf dem Felsblock werden sie zum Zeichen des Dankes ein Azorenhoch opfern, und sie werden feiern ein Fest. Und es wird sein ein großes Fest, auch für Victor, der gleich ein Jahr nach der Schließung mit einem Flugzeugabsturz in den Himmel auffuhr und sich seither immerhin keine Sorgen mehr zu machen braucht, wo er im Sommer sein Zelt aufstellt.

# Jobs

## Hafen

Der Tip kam von Axel alias *Sterling Mess,* einem Freund aus der Jungmannschaft: Im Lübecker Hafen konnte man als volljähriger Schüler einzelne Schichten arbeiten. Man kaufte sich einen Helm, gab die Steuerkarte und ein paar Bescheinigungen ab und meldete sich morgens in der Einteilung. Das war ein großer Saal voller Männer, wie sie in unserer Straße nie zu sehen waren, und wer aufgerufen wurde, mußte wirklich laut »Hier!« oder »Jawoll!« schreien, damit er sich nicht gleich bei der Antwort blamierte.

Die besten Jobs gab es an Halle 13/Nordlandkai, wo Obst für Skandinavien umgeschlagen wurde. Je vier Mann entluden einen Lkw oder einen Waggon. Reihum machte immer einer Pause, saß auf den Kartons und rauchte, und wenn wir Äpfel entluden, dann aßen wir eben Äpfel. Während der Schicht hörte man sich um, was nebenan verladen wurde, und wenn es gut lief, hatte man zu Feierabend ein oder zwei große Tüten voll gemischtes Obst. Die anderen Schichten waren meistens auf den russischen Schiffen, die im Winter mit Bauholz für die DDR nach Lübeck kamen. Nicht nur die Ladeluken waren mit Holz vollgestopft, auch die gesamte Fläche auf Deck hatten sie meterhoch mit Latten und Brettern vollgestaut. Im Hafen Rostock konnten sie die Schiffe nicht entladen, entweder weil die Dampfer zu groß oder, wahrscheinlicher, weil die Kapazitäten in Rostock nicht ausreichend waren. Wir stapelten und bündelten das Holz hievenweise zusammen, und der Kran hob die Hieven hinaus und auf Waggons, mit denen sie zurück Richtung Osten rollten. Die mühselige Handarbeit dauerte ihre Zeit, oft lagen die Holzschiffe über einen Monat in Lübeck am Kai. Die Liegegebühren waren vermutlich weit höher als unsere Löhne, und der Umschlag eines jeden einzelnen Bretts kostete die DDR wahrscheinlich ein Mehrfaches seines eigentlichen Wertes.

Im Lübecker Hafen war nur unregelmäßig Arbeit, und so gab ich im Winter nach der Schule meine Papiere bei der Außenstelle des Hamburger Hafens ab. Gegen Hamburg war Lübeck ein Planschbecken. Die Arbeit war härter, die Leute auch. Die Hamburger Gesamthafenbetriebsgesellschaft war ein Zusammenschluß privatwirtschaftlicher Stauereiunternehmen, der Lübecker Hafen dagegen ein städtischer Betrieb, was einiges in bezug auf das Arbeitstempo erklärte. Wir waren »Unständige«, das hieß, wir brauchten nicht zu kommen, wenn wir nicht wollten, und wenn wir wollten, konnte es sein, daß es keine Arbeit für uns gab. Die Unständigen wurden viel ins Sackgut vermittelt, und dort wurde fast immer in einem speziellen Akkord gearbeitet, im »Pensum«: Sobald die vorgegebene Tonnage geladen oder gelöscht war, war Feierabend. Die Unständigen standen in der Hierarchie unter den »Festen« und bekamen daher regelmäßig die härteste Arbeit, die in den Ladeluken auf dem Schiff. Da es keine Maschinen gab und gibt, um einzelne Säcke zu verladen, wurde jede von vielleicht hundertfünfzigtausend Tonnen Kunstdünger, Zucker oder Saatgetreide für ein Schiff am Boden der Ladeluke von Hand verstaut – ein seltenes Reservat unvermeidlicher körperlicher Schwerstarbeit in einem der am höchsten technisierten Länder der Welt. Gelegentlich brachen Leute ab, weil sie die siebzig Tonnen pro Mann und Doppelschicht nicht schafften. Je nachdem, wie der Kran die Palette in der Ladeluke abgesetzt hatte, zog man die Säcke nur herunter und warf sie in ein Loch in der Lukenmitte oder trug sie zehn, fünfzehn Meter weit in die Lukenecke und sprang im Laufschritt zurück zur Palette, denn bei so langen Wegen wurde die Zeit knapp, bis der Kran einem die nächste Ladung brachte. Und siebzig Tonnen waren immerhin tausendvierhundert Sack à fünfzig Kilo.

Begehrt waren die gekoppelten Schichten, wo man nach dem Pensum der Frühschicht sofort mit dem Pensum für die Spätschicht begann. Der Vorteil war, daß man genug Zeit bekam, sich bis zur nächsten Frühschicht wieder zu erholen und so auch am nächsten Tag zwei Schichten machen konnte. Martin, der aus dem gleichen Vorort kam wie ich, brachte es in guten Monaten auf vierzig Schichten. Der Bus, in dem er fuhr, wurde vom Lübecker Einteiler einmal folgendermaßen vermittelt: Frühschicht/Spätschicht gekoppelt im Sackgut und – auf Pensumende vor Schichtende kalkulierend – direkt im Anschluß Spätschicht/Nachtschicht Container laschen[6] auf einem anderen Schuppen. Vier Schichten nonstop innerhalb von vierundzwanzig Stunden, unfreiwillig, aber ganz offiziell, auch wenn der Einteiler später deswegen Ärger bekam. Oft genug hatte es Unfälle gegeben, weil die Fahrer nach Marathonschichten am Steuer einschliefen.

Gerade in der Schwere der Arbeit lag eine subtile antiintellektuelle Befriedigung: Niemand träumt heimlich davon, besonders intelligent zu sein, jedenfalls nicht Männer – Männer träumen davon, körperlich stark zu sein. Zu wissen, daß ich jedes Tempo mithielt, erfüllt mich bis heute mit einer Befriedigung, wie sie mir ein abgeschlossenes Studium niemals gegeben hätte, und die Lohnabrechnung einer Woche mit neun Schichten hängt stolz als Trophäe an der Wand.

Die Besatzung in den VW-Bussen, im Regelfall sechs Arbeiter, war mehr oder weniger fest. Wichtig war, einen Stammplatz in einem guten Bus zu bekommen, nicht in einem, der schlecht vermittelt wurde, weil die Leute bekannte Säufer oder zu schwach fürs Sackgut waren. Ich trank nicht bei der Arbeit – mir war rätselhaft, wie manche unter Alkoholeinfluß noch siebzig Tonnen schleppen konnten –, und ich war viel zu schüchtern, um morgens unpünktlich zur Einteilung zu kommen. Da ich außerdem in den Doppelschichten gut mithielt, löste sich das Problem mit dem Stammplatz immer wieder überraschend schnell.

Morgens um halb fünf waren wir in Lübeck in der Einteilung, gegen fünf oder halb sechs fuhr man los, die bezahlte Arbeitszeit begann erst um sieben. Gefahren wurde grundsätzlich Vollgas. Vor jedem Höherschalten wurde hochgedreht, bis der Wagen schon beinahe wieder an Geschwindigkeit verlor. Für die VW-Busse der Außenvermittlungen gab es eine eigene Zapfsäule im Freihafen, die jeweils vor Schichtbeginn angefahren wurde. Während das Tanken prinzipiell Job des Beifahrers war, stieg Jürgen, der Fahrer, morgens an der Tankstelle mit sich außerordentlich präzis wiederholenden Bewegungen auf die gleiche Weise aus: Tür auf, sich vom Sitz drehen und neben das Vorderrad stellen, Hose auf, gegen das Rad pinkeln, einsteigen, Tür zu.

Neben der offiziellen Einteilungsstelle gab es die »Wilden«. Das war ein weder legales noch ernsthaft verbotenes Büro in der Nähe der Lübecker Bordelle. Dort konnte man ohne Papiere hingehen und unter einem Namen arbeiten, der einem besser gefiel, ein Vorzug, der den ausgezahlten Schichtlohn allerdings deutlich senkte. Über die »Wilden« kursierten wüste Gerüchte, denen zufolge jeder zweite dort eine Kombination aus Rübezahl, Kannibale und schwerem Alkoholiker sein mußte. Wahrscheinlich waren es nur ein paar arme Schweine, Einwanderer ohne Papiere, bankrotte Leistungsempfänger und Leute, die ihre Raten nicht mehr zu zahlen imstande waren, ihren Offenbarungseid geleistet hatten und kein offizielles Einkommen gebrauchen konnten. Gelegentlich arbeiteten auch normale Unständige dort ein paar Schichten. Die Lohnsteuerprogression bei unserem unregelmäßigen Einkommen stieg manchmal gegen Monatsende absurd an, und wenn manche – das kam ab und zu vor – nur vier Mark von einer Schicht ausgezahlt bekamen, machten sie entweder den Rest des Monats frei oder legten eine Schicht bei den Wilden ein.

Der Job im Hafen hatte zwei Vorteile: Man brauchte nicht wie bei anderen Jobs zu tun, als ob man die Arbeit sinnvoll fände – zum Beispiel Kunstdünger in Schiffe nach China zu verladen –, und zweitens war es selten langweilig. Nie wußte man am Morgen, was kommen würde. Es gab über neunzig verschiedene Schuppen im sowie weitere Stauereien außerhalb des Freihafens, die bei der GHBG Unständige bestellten. Vielleicht kam man ins Sackgut, vielleicht gab es Bananenkartons – wenn da einer eine Vogelspinne entdeckte, war sofort Feierabend, aber die Schicht wurde bezahlt. Vielleicht gefrorene Rinderviertel, vielleicht Kautschukballen, die fast einen Kubikmeter groß und sehr schwer waren und immer wieder wie Gummibälle durch die Luke schossen. Vielleicht trimmen: während des Löschens von Massengut mit langen Stangen die Reste aus den Verstrebungen der Ladeluke kratzen. Vielleicht Fischmehl, danach konnte man seine Klamotten wegschmeißen, vielleicht Kaffee, da konnte man ein paar Kilo klauen und zu Hause im Backofen rösten, vielleicht kam man auch mal wieder an den Kai und brauchte nur die Hieven abzuhängen. Vielleicht gab es auch eine Woche gar keine Schicht.

Manche Jobs waren allerdings wirklich mies, vor allem die ungesunden. Kali war mies. Die Säcke waren aus Papier, und jeder dritte war kaputt. Kali staubte wie Mehl und brannte in Augen und Atemwegen. Eigentlich waren Staubschutzmasken Vorschrift, aber sie hatten Pensum gegeben: zwei Mann, zwei Waggons. Niemand kann im Akkordtempo Säcke schleppen, wenn eine Maske seine Atmung bremst. Ich konnte den heiligen Zorn von Wallraff über die Ausbeutung türkischer Gastarbeiter nachvollziehen, aber mit dem dreckigen Kali in den Lungen waren wir alle gleich, ob Türken, Deutsche oder Italiener. Einmal hatten wir Kali im Schiff: Wir waren mit dreimal zwei Mann in einer engen Luke, und die Luft war so weiß, wie es sich der Einzelhandel zu Weihnachten wünscht, während alles in einem fort nieste und hustete. Zu allem Überfluß hatten sie mit dem Kran einen benzinbetriebenen Gabelstapler in die Luke gesetzt, der noch ein paar Abgase spendierte. Es gab auch Stapler mit Akkus, aber das spielte keine Rolle. Die Szene wirkte wie ein alberner Propagandafilm des DDR-Fernsehens über die Zustände im fiesen BRD-Kapitalismus. In jeder Verschnaufpause kletterte ich von dem Gebirge aus Säcken, das wir errichteten, herab und lief zur anderen Seite der Luke, wo die Luft etwas besser war. Unser Fahrer – der, der immer morgens gegen die Radkappe pinkelte – saß seelenruhig in den abgasgeschwängerten Kaliwolken, Haare, Augenbrauen, Kleidung weiß, hustete leise und rauchte Kette. Ach ja: Wir arbeiteten Pensum.

In gewissem Sinne saßen die Unständigen alle im selben Boot. Vom selben Arbeitgeber ausgebeutet, der auf die Sicherheitsbestimmungen pfiff, keine Staubschutzmasken stellte, mit defekten Krangeschirren arbeiten ließ und im Lauf der Jahre das Pensum immer weiter erhöhte, die Löhne aber nicht. Vom selben Finanzamt veralbert, das ihnen jahrelang die Lohnsteuer erlassen hatte, weil es für diese Jobs immer zuwenig Leute gegeben hatte und ihnen vom 31.12.81 auf den 1.1.82 einen Einkommensrückgang von rund zwanzig Prozent aufbrummen konnte, weil jetzt die Arbeitslosigkeit genug Leute in den Hafen trieb. Und von derselben Gewerkschaft im Stich gelassen, weil natürlich niemand gewerkschaftlich organisiert war.

An den unteren Sprossen der sozialen Leiter herrschten klare Verhältnisse. Wer einen anderen nicht mochte, machte keinen Hehl daraus, und im allgemeinen war das Klima genau deswegen entschieden angenehmer als in einem Büro, wo sie dich freundlich anlächeln und in der Mittagspause beim Chef anschwärzen.

»Wo warst du denn so lange?« fragte irgendwann einer einen anderen.

»Im Knast«, war die Antwort.

»Ach so.«

Das war keine Schande, ein Grund zum Angeben war das auch nicht. Das kam eben vor. Bei MIDGARD, einem Eisenumschlag außerhalb des Freihafens, beratschlagten zwei Feste ihren Feierabend: »Eros-Center oder Palais d'Amour?«

122

Ein Abend im Bordell war keine Schande, ein Grund zum Angeben war das auch nicht. Das kam eben vor.

Geld stank, und die herrschende Meinung, daß das anders sei, war Selbstbetrug. Geld war nichts wert, aber man brauchte es. Geld war austauschbar – aber jeder Tag war einmalig. Bei allen anderen Jobs mußte man so tun, als ob man sie gerne täte. Im Hafen nicht. Keiner heuchelte Begeisterung, man bezahlte sein Geld mit Zeit und Muskelkraft, das war ein überschaubares und klares Geschäft. Die Arbeitsleistung im Sackgut ließ sich mit geradezu ästhetischer Klarheit auf den Lohn umrechnen: Zeit + (Kraft x Weg) = Lohn. Auf keinen Fall war ich bereit, für eine so profane Gegenleistung wie Geld meinen Verstand anzustrengen. Sollte der Körper schwitzen, die Gedanken waren frei.

### Versuchskaninchen

In Freiburg gab es keinen Hafen, und Jobs, bei denen man seinen Kopf in jener beinahe aseptisch reinen Form aus der Arbeit heraushalten konnte, waren dünn gesät. Ein Freund gab mir die Nummer eines »Institutes für klinische Pharmakologie«, wo neue Medikamente an Freiwilligen ausprobiert wurden. Die Bezahlung war nicht schlecht, man schluckte sein Zeug und pinkelte in die Röhrchen, das war alles. Vor der Aufnahmeuntersuchung trank man Kaffee und machte ein paar Kniebeugen, damit die Ärzte nicht merkten, daß man Sportler war. Der Drogentest, der zur Voruntersuchung gehörte, war vermutlich Bluff. Oder sie drückten immer wieder die Augen zu, denn von einigen Leuten wußte ich, daß sie Drogen nahmen, ohne daß das je ein Problem gewesen wäre.

Sie informierten dich über die Medikamente und alle möglichen Nebenwirkungen, du unterschriebst einen Zettel, bekamst dein Zeug, und dann untersuchten sie, wie dein Körper darauf reagierte: EKG, Blutabnahmen, Urin sammeln, ab und zu Blutdruckmessen und ein Lungenfunktionstest. Außer daß

123

man diese Tests über sich ergehen ließ, gab es absolut nichts zu tun. Man saß mit einer Kanüle im Arm herum und wartete. Pro Tag gab es zwei Videos, meistens zweitklassige Action-Ware, die die anderen Probanden aussuchten, da war man dankbar, wenn abends Fußball kam. Unter der Hand bekamen wir den Tip, viel zu trinken und so die Medikamente rascher auszuschwemmen. Solchermaßen inspiriert, stürzten sich zwei Probanden auf die Mineralwasserkästen und schlossen die Wette ab, wer seine Dreiliter-Urinflasche als erster vollbekäme. Als die leitende Ärztin von dem Wettpinkeln hörte, appellierte sie ernsthaft an unsere Arbeitsmoral als Stützen der Wissenschaft.

In Basel, so hörte man, suchten die großen Pharmakonzerne Nicht-Schweizer für Erstanwendungen neuer Medikamente. Für die medizinische Ehre, gleich als erster nach den Laborratten die neuen Substanzen zu schlucken, zahlten sie ausgezeichnet. Und als Ausländer hatte man wenig zu melden, wenn etwas schiefging, das leuchtete ein. In Freiburg wurde weniger gezahlt, aber dafür war man auch nicht das erste Lebewesen mit aufrechtem Gang, durch dessen Speiseröhre die neue Pille in den Verdauungstrakt glitt. Besonders wilde Gerüchte kursierten um angebliche Radioaktivitäts-Testreihen bei der Bundeswehr, bei denen man angeblich innerhalb einer Woche ein Vermögen gewann und dafür ein paar Haare verlor.

In dem Institut herrschte ein bizarres Ambiente. Pflegepersonal und Ärzte waren freundlich und zuvorkommend, als hätte sie jemand mit Weichspüler gewaschen. Alles stand voller medizinischer Apparate, aber niemand war krank. Und wenn jemand krank wurde oder das Medikament nicht vertrug, wurde er entlassen. Es war eine langfristige Therapie für die Aktien von Sandoz und eine kurzfristige für die Brieftaschen der Versuchspersonen. Das Probandenhonorar brauchte weder versteuert noch beim Arbeits- oder Sozialamt angegeben zu werden. Das war ein sehr gutes Gesetz, und es hatte die Pharmalobby wahrscheinlich auch gutes Geld gekostet.

Die medizinischen Risiken waren vermutlich weit geringer als bei älteren Menschen, deren Hausärzte ihnen fünf verschiedene Tabletten in Dauertherapie verschrieben. Harte körperliche Arbeit wie im Hafen oder auf dem Bau war im Grunde genommen nicht viel gesünder, dort verkaufte man in mikrometerdünnen Schichten die eigenen Bandscheiben, hier ließ man Nieren und Leber arbeiten. Wenn neue Medikamente entwickelt werden, gibt es wahrscheinlich keinen anderen vernünftigen Weg der schrittweisen Erprobung als an bezahlten Freiwilligen. Alle Einsicht in diese Richtung änderte nichts daran, daß es unter dem Strich ein monströses Prinzip blieb, Prostitution. Der Körper selbst war die Ware, die du verkauftest.

Wenn eine Studie vorbei war und wir mit dem Scheck in der Hand das Gebäude verließen, hieß es »Vielen Dank fürs Mitmachen!«. Irgendwie klang das immer wie bei Rudi Carell.

## Taxi

Mein Fahrgast ist ein gebratenes Hähnchen. Es liegt in einer Wienerwaldtüte auf dem Beifahrersitz und riecht und riecht. Ich fahre durch die halbe Stadt, stelle das Taxi ab und klingele bei der Adresse, die sie mir am Funk für diesen Auftrag gegeben haben. In der Tür steht ein heruntergekommener Mann und stinkt nach Pisse und bezahlt mich. Wer sich sein junkfood mit dem Taxi kommen läßt, ist sowieso meistens Alkoholiker. Die OP-Teams von der Uniklinik bestellen manchmal auch Essensfahrten, aber da holt man dann für hundertfünfzig Mark gutes Zeug vom Italiener, das ist natürlich etwas anderes.

Vor einer Kneipe warte ich auf meine Fahrgäste. Mit dem kontrolliert schwankenden Gang der Gewohnheitstrinker kommen sie heraus. Einer von ihnen geht langsam breitbeinig über die Straße, übergibt sich in die Hecke und wischt sich über den Mund. »Der scheiß-letzte Schnaps, weißt du«, seufzt er, »ich vertrag' doch keinen Ramazotti.«

Freiburg ist nicht gerade das, was man eine verruchte Stadt nennen würde, aber nachts im Taxi riecht es sogar hier ein klein wenig nach Bronx. Für ein paar Stunden wird das Städtchen zum Dschungel. Hungrig beiße ich in einen Kebab. Früher bissen wir auch in warmes Fleisch, aber damals war noch Fell außen drum und kein Fladenbrot. Taxifahrer sind eine urbane Mischung aus Jägern und Fischern. Wir lauern auf Transportbedarf. Das Funkgerät ist unser Echolot, das gelbe TAXI-Schild der Köder. Und wenn es regnet, beißen sie besonders gut.

Später, nachts um drei. Eine normale Taxischicht geht von sieben bis sieben, wobei nur wenige die Nachtschicht voll durchfahren, denn zwischen drei und sechs Uhr, wenn die ersten Reisenden sich zum Bahnhof bringen lassen, ist in einem Städtchen wie Freiburg kaum etwas zu holen. Die Straßen stehen ruhig wie ein toter Fluß, und am Funk tut sich fast nichts mehr. In einer langen Schlange von anderen Taxis stehe ich am Ausgang von zwei Discotheken. Es ist der letzte Fischgrund, der letzte Wildwechsel, an dem um diese Uhrzeit noch Hoffnung auf Transportbedarf besteht. Daß nachts fast nur Besoffene einsteigen, hat seine Logik. Wer noch halbwegs nüchtern ist, der fährt selbst nach Hause. Gegenüber der Taxischlange, neben der Discothek ist ein Spielsalon mit einem guten Automatenkaffee. Der Geräuschpegel innendrin ist immer wieder verblüffend. An zwanzig oder dreißig Apparaturen mit cockpitartigen Sitzen hängen Spieler und ballern oder fahren Rennauto. Manche hängen dort wie Nierenkranke an der Dialysemaschine. Um die Uhrzeit aber hat der Spielsalon geschlossen, und auch McDonalds mit seiner labbrigen Brühe hat längst zu. Kein Kaffee mehr um drei.

Ich bringe eine aufgedonnerte Frau um die vierzig in ein vornehmes Viertel. Sie findet ihr Geld nicht und will es mir in der Wohnung geben. Während sie völlig betrunken durch ihr grausam häßliches Wohnzimmer torkelt, sehe ich in einem Regal einen Unterarm liegen. Ich will keine Leiche, ich will meine zehn Mark. Ich trete zwei Schritt näher, es ist nur ein Teil einer Schaufensterpuppe, und schließlich findet sie auch ihr Geld. Der Verdienst ist nicht immer berauschend, aber irgend etwas erlebt man beinahe immer.

6 Geladene Container auf Schiffen verspannen und befestigen.

# Tour de force

### Zwei Wochen mit Robert Jasper

Als ich den Namen Robert Jasper zum ersten Mal las, stand er im Tourenbuch im Office Haute Montagne in Chamonix hinter mehreren extremen Alleinbegehungen. Ich hatte gerade einen Materialsponsor gewonnen und hing nun abwegigen Träumen von weiteren zahlungskräftigeren Sponsoren nach. Ein Deutscher, der weit kühnere Dinge als ich kletterte, kam meinen Phantastereien ziemlich ungelegen. Hoffentlich war das ein Österreicher.

Es stellte sich heraus, daß Robert in Waldshut lebt, nur etwa siebzig Kilometer von Freiburg entfernt. Ihm gelingen noch weitere extreme Solorouten, und als das Klettermagazin ›Rotpunkt‹ mich mit einem Artikel über Solo-Bergsteigen beauftragt, bitte ich ihn um ein Interview. Robert sieht nicht gerade aus, wie sich der Laie einen extremen Alpinisten und staatlich geprüften Bergführer vorstellt: schulterlange blonde Haare, ein halbes Dutzend türkisfarbene Ohrringe und ein schlabbriger Wollpullover, unter dem man seine athletischen Schultern mehr ahnt, als man sie sieht. Äußerlich suggerieren nur seine großen, sehr kräftigen Hände und der blitzende Erlebnishunger in seinen blauen Augen etwas von dem, wozu er imstande ist. Auf Anhieb verstehen wir uns prächtig und haben im Nu einen Stapel gemeinsamer Pläne. Wir stellen sogar fest, daß wir uns schon einmal begegnet sind. Er hat mich einmal ein Stück mitgenommen, als ich von Chamonix per Anhalter heimfuhr.

Kurz darauf fliege ich zum Eisklettern nach Schottland. Robert will mit, kann aber kein Geld auftreiben. Im Sommer breche ich mir den Fuß, und schließlich wird es Februar, bis wir am Einstieg zu einem gefrorenen Wasserfall in Kandersteg in der Schweiz stehen. Ich steige die erste Länge nach, und ziemlich bald komme ich mit meinen neuen Eisbeilen in Schwierigkeiten. Während ich noch glaube, die Situation wieder im Griff zu haben, stürze ich. Dem Seilverlauf folgend, pendle ich nach links gegen einige freihängende, mehrere Meter lange schenkeldicke Eiszapfen. Einer bricht mit trockenem Knacken weg, fällt lautlos ein paar Meter durch die Luft und zerbirst in tausend Stücke. Mein Helm rutscht seitlich herab und hängt mir nach vorn um den Hals wie eine Kuhglocke. Ich schwinge erneut gegen die Eiszapfen, diesmal mit dem Kopf. Was für eine Blamage. Die erste Tour mit Deutschlands bestem Eiskletterer, und ich Idiot fliege. Mein Hinterkopf ist naß, an meinem Nacken wird es warm. Ich blute. Was für eine Blamage.

»Robert!!!«

»Was ist?«

»Ich bin verletzt. Laß mich ab!«

Ich blute heftig, aber bei Kopfwunden ist das ja angeblich normal. Frustriert setzte ich mich in den Schnee und kleckere die Umgebung mit roten Flecken voll. Wie Nasenbluten, nur ergiebiger. Robert kommt herunter und verbindet mich notdürftig. Während er Jörg und Gerald Bescheid sagt, daß ich uns den Tag versaut habe, stapfe ich los Richtung Parkplatz. Ich bleibe genau auf dem Pfad, damit sie mich finden, falls mich der Schock doch noch einholt und ich unterwegs kollabiere. Am Auto ziehe ich eine halbvolle Flasche Rotwein aus dem Kofferraum und gebe mir ein paar kräftige Schlucke. Vor sechs Monaten mein erster Kletterunfall, jetzt schon der nächste. Man lebt gefährlich, wenn man zu viele Fehler macht. Vielleicht sollte ich aufhören.

In Waldshut wird die Platzwunde am Hinterkopf mit fünf Stichen genäht, und ich verlasse das Krankenhaus mit einem kleinen Turban. Am Auto stelle ich wortlos die Beriemung meines Helms weiter, und er paßt gerade noch über den Verband.

»OK, Jungs«, verkünde ich mit fester Stimme, »morgen nochmal.«

Am nächsten Tag klettern wir die abgebrochenen Touren zu Ende. Robert klettert im Eis, wie ich es noch nie gesehen habe. Vor der letzten Seillänge stehen wir hinter einem Vorhang riesiger, freihängender Zapfen. So wie man ein Fenstergitter entfernt, schlägt er von innen zwei Eiszapfen weg und spreizt durch die enstandene Lücke über den Überhang hinweg, als wäre das ein Trickfilm. Stolz komme ich sturzfrei hinterher und bedanke mich für die phantastische Tour.

Die Wettervorhersage ist weiterhin gut, aber Robert hat ein Angebot eines großen Sportartikelherstellers bekommen, um das er sich zunächst kümmern will. So fahre ich mit Jörg und Gerald heim. Zu gern würde ich noch etwas klettern, denn in wenigen Tagen beginnt mein erster richtiger Vollzeitjob: Texter in einer Werbeagentur. Der Zynismus, auf der Schaumkrone der Konsumwelle zu reiten statt etwas Sinnvolles zu tun, gefällt mir recht gut, und vor allem muß ein regelmäßiges Einkommen eine tolle Sache sein. Unter dem Strich habe ich natürlich nicht die geringste Lust auf eine Vierzig-Stunden-Woche im Büro. Man scheint es mir anzusehen.

»Was ist los mit dir? Geht's dir schlecht?«

»Ja. Ich habe einen Job.«

Vierzig Wochenstunden in einem Büro voller Designermöbel. Freiheit, Freizeit gegen Aufstiegschancen, was für ein miserabler Deal! Meine Freunde gratulieren. Nur mir kommt dieser bevorstehende krasse Wandel meiner Arbeits- und Lebensgewohnheiten vor, als habe mir jemand mitgeteilt, ich hätte Krebs: Du trägst es mit Fassung, aber in fünf Jahren bist du tot.

Dann ruft Robert an. Statt des allseits erwarteten Sponsoring-Vertrages haben sie ihm eine Stelle als Vertreter für outdoor-Produkte angeboten.

»Dazu noch Vollzeit. So ein Schwachsinn!« Er klingt empört. »Hast du Zeit? Wetter ist immer noch gut.«

»Ich muß mir noch die Fäden ziehen lassen und bis Sonntag abend wieder hier sein. Bis dahin – was du willst.«

Die zwei, drei Körnchen Wahrheit, die man in den Bergen finden kann, nehmen wir beide sehr ernst, eine unterschwellige Gemeinsamkeit, die uns stark verbindet. In den Bergen kann man, wenn auch nur für jeweils kurze Zeit und unter anderen Rahmenbedingungen, sein eigener Herr sein, und uns beiden fällt es schwer, diesen Anspruch im Alltag aufzugeben. Wenn auf einer großen Tour die Freiheit schmeckt, warum im Tal etwas anderes essen? Er zieht die Existenz als selbständiger Bergführer einem sicheren Job vor, und ich habe keinen Plan, wie ich diesen Job im Büro durchstehen soll.

Während ich auf dem Freiburger Bahnhof auf den Zug nach Waldshut warte, bohrt sich ein Kinderfinger in die kühle Luft und zeigt in meine Richtung:

»Mammaaa – ist das ein Bergsteigääär?«

Ich könnte es schlecht leugnen, das links und rechts heraushängende Seil unter der Deckeltasche meines Rucksacks und die Eisbeile sind einfach zu offensichtlich.

»Frag den Herrn doch selbst, mein Liebling.«

Der Kleine kommt auf mich zu. »Sind Sie Bäärgsteigääär?«

»Ja.«

»Sind Sie schon mal abgestürzt?«

Ich ziehe es vor zu lügen: »Nein.«

»Schade.«

Verdammte kleine Zecke!

Am folgenden Tag beginnen wir Roberts dritte Erstbegehung am Graustock, einem außer seiner sechshundert Meter hohen Nordostwand eher unauffälligen Zweitausender im Skigebiet Engelberg in den Glarner Alpen. Winterbegehungen beginnen meistens an einer Seilbahn zwischen all den Pistenskiläufern, deren berechtigte Sorglosigkeit auch diesmal subtil mit unseren sorgfältigen, teils ängstlichen, teils kühnen Planungen kontrastiert. Um uns herum die bunten Skianzüge und die erstaunten Blicke, hier im Gebirge Bergsteiger zu sehen, mal bewundernd, mal bemitleidend. Zwei Handwerker im Tollhaus von Disney-land; das Gebirge: ein Vergnügungspark, auf der Piste ein Gejohle wie auf einem Kindergeburtstag. Und der Graustock steht da hinten wie eine finstere Kulisse aus den Requisiten des Fremdenverkehrsverbands. Eine Stunde steigen wir mit Fellen auf zum Einstieg. Skidepot, Anseilen, und schon plumpsen die Batterien aus meiner Kamera in die Tiefe. Seufz.

Die Wand ist im unteren und im oberen Teil sehr steil und an einigen Stellen mit gefrorenen Wasserfällen durchsetzt, im mittleren Teil wirkt sie flach und unschwierig. Die ersten zwei Längen in diesem nur stellenweise festen Fels führt Robert und gibt Gelegenheit zu einem seltenen Schnappschuß – er steht mit profillosen Kletterpatschen im Schotter und hat dabei das Eisbeil in eine knapp quadratmetergroße Eisplatte geschlagen. Im Sommer könnte man kaum in dieser streckenweise recht schrofigen Wand klettern, aber jetzt hält der Frost den brüchigen Fels und den Bewuchs recht gut zusammen. Die gefrorenen Moos- und Graspolster sind prima Ankerpunkte für die Eisgeräte. Nach einem Bericht über diese Route in den ›Mitteilungen des Deutschen Alpenvereins‹ klagte eine Leserin ernsthaft, wo denn der Naturschutz bliebe, wenn Bergsteiger ihre Eisbeile in unschuldige Grasbüschel schlagen.

Während meines ersten Vorstiegs nach so langer Zeit in steilem, aber sehr gutem Eis fühle ich mich nicht besonders sicher. Ohne zu wackeln, aber auch ohne irgendwie so recht zu wissen, was ich hier tue, erreiche ich schließlich den Platz für den Stand. Ein Bohrhaken muß her; es ist der zweite meines Lebens, was natürlich dauert. Es dämmert bereits, als Robert die Schlüssellänge angeht, eine zehn Meter hohe, nur leicht angelehnte Kerze aus Wassereis. Oben ist sie senkrecht, knapp einen Meter breit und nur eine Handspanne dick. Phantastisch, wie Robert das unter Zeitdruck klettert. Da zittern weder Fuß noch Stimme. Als er am Stand zu bohren beginnt, ist es dunkel, und ich kämpfe im Schein der Stirnlampe mit den Reißver-schlüssen meiner Überhose, die ich wegen der zunehmenden

Kälte anziehe. Robert zerrt die Säcke hinauf, ich sortiere mein Jümargeschirr.

»Braucht ihr Hilfe?«

Huch?

Zweihundert Meter tiefer fuhrwerkt eine Pistenraupe durch den gequälten Schnee. Aus ihrem Lautsprecher kam das Hilfsangebot. Die Scheinwerfer legen grelle Lichtbalken in die uns umgebende Finsternis. Um Mißverständnisse auszuschließen, reagieren wir beide gleich und antworten nicht – sonst verstehen die Leute noch etwas Falsches. Noch einmal das Angebot: »Braucht ihr Hilfe?«

Langsam jümare ich, mit meiner Lampe für sie gut sichtbar, höher. Der intensivste Augenblick der Tour – Jümarn in der Nacht über extrem steiles Eis, Lichtreflexe der Lampe an spiegelnden Eiszapfen als meine kleine Privat-Lightshow und eine ausgeschlagene Hilfeleistung aus der Zivilisation.

»Guter Vorstieg, ey!«

»Na ja. Ich fand's schon auch schwer.«

Über uns ist ein Schneehang, notfalls könnten wir hier irgendwo ein Biwak schaufeln. Mit fliegenden Lungen stapfe ich hinauf zu einem Felsaufschwung, wo uns ein phantastischer Biwakplatz erwartet. Glück gehabt. Der Wind hat einen Kolk zurechtgeweht, den wir kaum noch auszutiefen brauchen. Im Tal funkeln die Lichter der Stadt.

»Wie am Eiger, Robert.«

»Genau. Genau wie am Eiger.«

Dann Gute Nacht und wieder einmal Dankbarkeit für eine so bescheidene Gabe wie einen Platz zum Liegen und einen warmen Schlafsack.

Der lange Mittelteil der Route ist einfach. Doch nach einem fatalen Fehler beim Vorstieg im leichten kombinierten Gelände – ich komme ins Rutschen und zwei Meter tiefer mit Glück wieder zum Stehen – gebe ich die Führung für den Rest dieser Route ab. Meine Fehlerquote ist zur Zeit entschieden zu hoch, ich werde nachdenken müssen, woran das liegt. Das felsige

Schlußdrittel beginnt mit einer fotogenen Verschneidung. Zwei letzte Aufnahmen ließ sich Roberts Kamera heute früh im Biwak noch entringen, seitdem sitzt der Verschluß endgültig fest. Keine Bilder mehr von dieser Erstbegehung, was für ein Trauerspiel. An Skyhooks auf schneebedeckten Leistchen steigt Robert aus zum Stand, doch so richtig staune ich erst zwei Längen später. Diesen zwar nicht extrem schwierigen, aber auch nicht so einfachen verschneiten, vereisten Kamin klettert er ohne Steigeisen. Wie das möglich ist, kann ich mir beim besten Willen nicht erklären. Dann stolpern wir in den nächsten Fünf-Sterne-Biwakplatz. Unter allen Stellen, an denen ich Nächte am Berg verbracht habe, ist das »Schwestern-wohnheim«, wie wir es taufen, sicherlich das »Hilton«. Wir lassen das Gepäck zurück und nehmen die Lampen mit, um noch einige Längen zu fixieren oder, wenn möglich, die Route heute noch zu vollenden. Zwei glatte Sechserlängen machen es noch einmal spannend, und ich bekomme nun auch ein kleines Erfolgserlebnis, weil es mir gelingt, sie mit Steigeisen nachzusteigen. In der Abendsonne stehen wir auf dem Gipfel und umarmen uns, beinahe ein bißchen pathetisch für einen Zweitausender.

Im Licht der Stirnlampen seilen wir ab zu unserem zweiten Superbiwak. Genau wie gestern können wir uns problemlos ohne Sicherung am Nachtlager bewegen. Wieder erinnert der Blick ins Tal an den Blick vom Eiger nach Grindelwald. Unter der Wand geschwungene Hänge, rechts unten, weit entfernt, aber noch genau zu erkennen, die Lichter der Kleinstadt. Schade, daß wir kein Bier dabeihaben. Unten brummt wieder der Bulldozer über die Piste. Same procedure as every year: Dort die beneidenswert leichte Kost der Skifahrer, hier der mühsame Unsinn einer mehrtägigen Wand. Auf dem Innen-cover des Live-Albums »Bis zum bitteren Ende« der »Toten Hosen« steht dieses tiefsinnige Hosen-Zitat: »Seit Jahren dieser Krach...« Was sie auf der Bühne produzieren, bezeichnen sie selbst – bei aller Ironie, die da mitschwingt – als Krach, etwas

Unsinniges, eigentlich Kontraproduktives. Und doch machen sie es immer wieder, »seit Jahren« eben. Und es macht ihnen ungeheuren Spaß, die Fotos auf dem Cover lügen nicht.

Und was machen wir? »Seit Jahren dieser Schnee...«

Den später auf viel Beifall gestoßenen Namen »Schwarzwaldklinik« für diese Tour verdanken wir einer alten Idee von Jörg Steinsberger, er drückt aber auch etwas »Richtiges« aus: Robert ist gebürtiger und ich zugereister Schwarzwälder, und wir lieben diesen Landstrich sehr.

Am nächsten Morgen steigen wir weiter über unsere Aufstiegsroute ab. Die unteren Abseilstellen sind verrückt steil, ein bißchen wie in der Verdon, bloß mit Steigeisen an den Füßen, mit Eiszapfen ringsherum und gefrorenem Gras. Vom Einstieg eine halbe Stunde Tiefschneefahrt, dann hat uns die industrielle Normalität der Skipiste wieder. Zwei Tage lang Ski gefahren, und wir hätten sicher mehr zu lachen gehabt.

Wir sind Bergsteiger: ein merkwürdiger Zustand. Wir sind Volltrottel. Wir sind großartig. Wir sind einfach nur wir selbst.

Tief befriedigt eiern wir mit den Rucksäcken die sonnenüberflutete Piste ins Tal hinab. Ein weiterer subtiler Kontrast beim Winterbergsteigen im Vergleich zum Sommer sind die Geschwindigkeit und die vergleichsweise geringe Anstrengung des Abstiegs, sofern man Skier benutzt. Kaum steht man wieder auf den Skiern, ist man der Wand, von der man gerade kommt, und all dem Ernst des winterlichen Hochgebirges schon meilenweit entronnen. Kaum bist du mit dem zweiten Fuß in der Bindung, stehst du schon beinahe mit einem Bein in der Kneipe. Und ich stehe schon fast mit einem Bein in der Werbeagentur.

Samstag abend komme ich zurück, und auf dem Anrufbeantworter ist die erlösende Botschaft, daß mein Arbeitsbeginn sich aus innerbetrieblichen Gründen um eine Woche verschiebt. Der Wetterbericht ist immer noch gut, und Robert hat Zeit.

Montag mittag sind wir in Chamonix. Diesmal habe ich das Projekt ausgesucht: die vermutlich erste Winterbegehung der Techno-Route »Flagrant Delire« am Grand Capucin. Jörg und ich haben einmal an Sylvester eine Route an der Midi-Südwand geklettert, da war es so warm, daß wir im Hemd gehen konnten. Sobald an der Capucin-Südostwand Sonneneinstrahlung und Windstille zusammenkommen, müßten ähnliche Bedingungen herrschen. Allein die Farbe des perfekten Granits suggeriert eine grandiose Tour, und derweil wirft mein bevorstehender Job seine Schatten voraus:

*Wenn Sie, verehrter Kunde, wissen wollen, ob Sie das richtige Toastbrot kaufen, rösten Sie es auf Stufe drei, fahren nach Chamonix und besteigen die Seilbahn auf die Aiguille du Midi. Nun in knapp zwei Stunden Richtung Südosten zum Fuß des Grand Capucin. Vergleichen Sie den Farbton. Stimmt die Farbe Ihres Toastbrotes mit der des Gesteins überein, dann essen Sie die richtige Sorte! Schwarzbraun ist die Haselnuß, aber ein guter Toast und guter Granit sind goldgelb. Oder würden Sie zwei Kilo Vollkornbrot gegen eine richtige Ostwand tauschen? Entscheiden Sie selbst!*

Das Gepäck für »Flagrant Delire«, ein Gemeinschaftswerk der beiden »Alten Meister« Jean-Marc Boivin und Michel Piola, ist umfangreich, unsere Rucksäcke riesig: Schlafsäcke, Matten, Kocher, Gas und Verpflegung für drei Tage, drei Seile, fünfzig Karabiner, Friends, Microfriends, Keile, viele RPs, zwanzig Haken, acht verschiedene Skyhooks, Copperheads, Steigeisen, Eisbeil, Hammer, Ski, Felle, Schaufel. Wir nehmen die Seilbahn auf die Midi – zum wievielten und wievielten Mal schon? – und fahren dann mit den Ski hinüber zum Capucin.

Es geht wieder los. *Back on the alpine road.* Wir sind in den Bergen, und wir werden ein paar Tage bleiben. Und immer kommt es dir vor, als wenn die Berge nur auf dich warten. Als ob sie dir etwas versprechen. Aber du täuschst dich. Du hast eine Schraube locker. Denn du bist Bergsteiger. Und extremes Bergsteigen ist beinahe wie Alkoholismus. Aber Alkoholismus ist heilbar. Das Montblanc-Gebiet ist gewissermaßen unser Hofbräuhaus, Treffpunkt für sehnsuchtskranke Bergsteiger mit emotionaler Säuferleber. Und wenn ein stabiles Hoch über dem Montblanc-Massiv steht, dann bekommen sie wieder dieses Zittern in den Fingern und trinken sich an der Schönheit dieser Urlandschaft, am gemeinsamen Erleben und an der Intensität des Abenteuers den nächsten großen Rausch an. Prost, Robert, war nett mit dir, nächste Woche beginnt mein Job.

Am Fuß des Capucin stoßen wir auf einen großen Windkolk, den offensichtlichen Platz für eine Biwakhöhle. Wir lassen das Gepäck dort liegen und klettern heute erst einmal den Originaleinstieg hinauf auf den Vorbau. Jetzt am Nachmittag ist es hier empfindlich kühl. Wir müssen in den schweren Bergschuhen klettern, und das wirkt, auch wenn man es gewohnt ist, immer etwas ungelenk.

»Willkommen daheim«, wispert der Granit, als ich die ersten Griffe berühre, »schön, daß du wieder da bist.«

»Danke«, flüstere ich gerührt zurück, »du hast mir so gefehlt!«

Souverän löst Robert in seinen Plastikstiefeln eine knackige Sechserlänge. Unvorsichtigerweise nehme ich einen Karabiner in den Mund, und er friert an den Lippen fest. Begeistert denke ich an Bonatti und seine epischen Winteraktionen in den sechziger Jahren.

Oben auf dem Vorbau lassen wir unser Kletterzeug hängen und steigen durch das breite, flache Couloir zur Linken wieder ab zum Gletscher und zum Windkolk mit unserem Gepäck. Mehrere Stunden schaufeln und schuften wir. Dann ist die Schneehöhle fertig und gemütlich groß, unser »Gasthaus zum Capucin«.

Am nächsten Morgen dann ist es windig, neblig und natürlich lausekalt. Wir lassen alles in der Höhle, verschließen sie und fahren über das Vallée Blanche und das Mer de Glace hinunter nach Chamonix, die längste Skiabfahrt Europas. Einen Tag später kommen wir bei bestem Fußballwetter mit einem

Rucksack voller Lebensmittel zurück. Diesmal stapfen wir durch das Couloir hinauf und queren an einem Seil, das wir fixiert hatten, auf den Vorbau hinüber. Die Sonne brät in die Wand, heute werden wir sicher schön braun.

Die Rechnung geht auf: Bei Windstille und Sonnenschein werden ost- und südseitige Wände auch im Winter recht angenehm warm. Im Sommer würde es gar nicht so viel Spaß machen, hier mit den Trittleiterchen herumzuhampeln, während nebenan die Kollegen beim Freiklettern ihre Muskel-T-Shirts spielen lassen. Jetzt im Winter leisten wir uns statt dessen die kleine Extravaganz, den Expeditionsstil auf eine Vierhundert-Meter-Wand zu übertragen: vorgestern der Vorbau, heute fixieren, morgen der Gipfel.

Nach zwei wunderschönen Freikletterlängen wartet die erste hakentechnische Länge mit einer Überraschung auf: Nach einem kurzen Pendelquergang in eine kleine Verschneidung muß ich mich dort mit einem Foothook fixieren. Ich verhake die Ferse im Riß und steige in einen Friend, ein paar Keile, Stand. Simpel. Nun die A4-Passage: Robert wird enttäuscht. An der Pendelstelle stecken zwei Bohrhaken, also A1 statt A4. Ich klettere noch eine weitere halbe Seillänge, weiter reichen unsere Seile nicht mehr. Wir seilen ab zum Vorbau.

In der Schneehöhle stellen wir bestürzt fest, daß unsere Bierdosen eingefroren sind. Aber wir haben erdrückend viel zu essen, drei Sorten Käse, reichlich Gas, Obst sowie die letzten drei »Travellunch«-Packungen von der Ogre-Expedition. Es ist unsere zweite Nacht in der Höhle, unsere Stimmung ist glänzend. Ein Prosit der Gemütichkeit!

Der dritte Tag wird über Erfolg oder Mißerfolg entscheiden, heute müssen wir es schaffen. Da wir ein Seil im Vorbau hängenlassen mußten, konnten wir gestern nicht so weit fixieren wie geplant. Daher stehen wir extra früh auf. Freihängend jümarn wir an den Fixseilen empor, genau wie auf den berühmten Fotos vom El Cap im Yosemite. Aber es ist eben nicht der El Cap, sondern der »Grand Cap«, und hinter ihm steht selbstbewußt eines der großartigsten Panoramen der Alpen: Brenvaflanke, Montblanc, Peutereygrat, die Nordwand des Grand Pilier d'Angle. In der Draufsicht sieht der Pilier d'Angle entsetzlich steil aus. Der Gedanke, diese Wand einmal durchstiegen zu haben, erfüllt mich nicht mit Stolz, sondern mit einer merkwürdigen Mischung aus Entsetzen und Staunen. Selbst Robert, der sich dort im letzten Sommer mit einer Erstbegehung verewigt hatte, geht es nicht anders. Wir gestehen es uns allerdings erst ein, als wir wieder unten im Tal sind.

Robert beendet meine halbfertige Seillänge vom Vortag. Dann bin ich mit einer A2-Länge an der Reihe, die wir als einzige von allen aufwerten. Nach einem Bohrhaken schlage ich mit der Spitze des Eisbeils zwei RPs in einen Riß. Dann wird es spannend. Ich muß auf Zug nach rechts, mit dem rechten Fuß hoch auf Reibung antreten und durchdrücken, eigentlich nicht so schwierig. Doch seit dem Unfall im letzten Sommer stecken zwei Schrauben in meinem rechten Sprunggelenk. Der Fuß ist schwach und nur eingeschränkt beweglich, der rechte Oberschenkel noch immer zwei Zentimeter dünner als der linke. Vor kurzem konnte ich einen Boulder nicht klettern, weil der Fuß immer wieder aus der gestreckten Stellung wegknickte. Und wenn er jetzt wieder wegknickt, dann fliege ich in den RP. Ich muß nur durchdrücken, dann habe ich die Stelle geschafft. Genau das ist der Punkt: Du mußt. Und wenn du mußt, dann kannst du. Es ist so einfach –

Nach einigen frei kletterbaren Metern dringt ein von unten nach oben geschlagener Messerhaken widerwillig bis zur Hälfte ein. Ein ganz mieser Friend klemmt halbherzig in einem horizontalen Loch auf glatten Quarzkristallen. Herzklopfen, hineinsteigen – doch umsonst, ich muß viel weiter nach rechts. Wieder ein paar Meter auf Reibung und ein Bohrhaken. Da es nach oben nicht weitergeht, läßt Robert mich einige Meter ab, und ich pendle nach links. Erst zaghaft, dann immer schwungvoller galoppiere ich im Pendelschwung hin und her, bis ich den Riß zu fassen kriege. Nach schwieriger Plattenkletterei stehe ich schließlich freihändig auf einem Reibungstritt. Zu greifen gibt es nichts, überhaupt nichts. Schließlich entdecke ich genau vor meiner Nase ein geschlagenes Cliffloch – klein, rund und endgültig wie ein Einschußloch. Nur ein einziger Hook aus unserem Sortiment paßt, aber er paßt gut. Ich hänge die Leiter nicht direkt mit dem Fiffi, sondern mit einem Karabiner in den Skyhook ein. Sonst fällt, wenn ich falle, der einzig passende Hook dreihundert Meter in den Schnee, und wir kommen hier überhaupt nicht hoch. Die letzte Sicherung ist der Bohrhaken vier Meter schräg unterhalb auf der geneigten Platte. Ein Sturz wäre mindestens schmerzhaft.

Vorsichtig arbeite ich mich hoch bis in die oberste Sprosse. Zwei Handbreit fehlen bei ausgestrecktem Arm bis zum nächsten Griff, an dem ich mich in leichtes Gelände ziehen könnte. Vielleicht reicht es, wenn ich mit dem linken statt mit dem rechten Fuß in der obersten Sprosse stehe? Ein nervenzerrüttendes Manöver mit Zurückklettern, Fußwechsel und Rückkehr in die oberste Sprosse bleibt erfolglos. Seillängen, die man nie vergißt.

Zwischen dem geschlagenen Loch und dem Griff gibt es eine einzige, miserable Möglichkeit, auf einem winzigen Leistchen einen weiteren Skyhook zu plazieren. Aber es geht nicht anders. Robbis Cliff mit der gelben Schlinge, fertig, basta. Vielleicht fiele die Entscheidung, in diesen Cliff zu steigen, nicht doch relativ leicht, wenn der point of no return nicht längst überschritten wäre: ein Pendelquergang, fünf Meter schwere Plattenkletterei und der erste Hookmove. Das könnte ich sowieso nicht abklettern.

»Paß auf!«

Mit weichen Knien steige ich aus der Leiter aufs Band und quere hinüber zum Stand – neunzig Minuten für fünfundzwanzig Meter, hoffentlich reicht die Zeit noch für den Gipfel. Die nächste Seillänge konnten wir vom Einstieg aus gerade noch mit bloßem Auge ausmachen: Ein haarfeiner Riß zieht durch eine überhängende, ansonsten völlig kompakte Platte. Wir hatten ihn »Shield-Riß« getauft.

»Oha!« staunt Robert, als er ihn aus der Nähe betrachtet. Ich freue mich derweil schon über meinen komfortablen Standplatz mit Liegefläche und Panoramablick, denn auch diese Seillänge wird sicherlich ein Weilchen dauern. Mit kleinen RP's und abgebundenen Messerhaken tüftelt sich Robert in Yosemite-Manier höher. Was unter ihm im Riß steckt, ist das reinste Kartenhaus, ein Kartenhochhaus, das immer höher wird. Dennoch ist diese Art des Kletterns nicht primär Nervensache, sondern eine Frage der Intuition. Man muß es spüren, ahnen: Hält das oder hält das nicht? Es ist wie ein Gang auf einem dünn gefrorenen See. Du gehst immer weiter hinaus, und es gibt keine Gewißheit, außer der, daß du dich besser sehr, sehr vorsichtig bewegst.

»Achtung!«

Krack! Schreck – Herzklopfen...

Als Robert diese Seillänge beginnt, steht die Sonne gegenüber von uns über der Aiguille Blanche. Dann gehen ihm die Messerhaken aus, und die Sonne steht über dem Pilier d'Angle. Als er Stand baut, ist sie über dem Montblanc.

Auf den ersten zehn Metern rupfe ich beim Ausnageln fast jede Plazierung mit der Hand heraus; ein respekterheischender Vorstieg von Robert. Doch jetzt drängt die Zeit, und ich trete unter diesem Vorwand auch die nächste Länge an Robert ab. Als wir den Gipfel erreichen, bleibt für den Abstieg eine knappe dreiviertel Stunde Helligkeit.

Ein paar Meter Richtung Osten entdecken wir eine blaue Schlinge mit Abseilring und pokern, daß sie zur neuen Abseilpiste gehört. Wir haben richtig geraten und erwischen die zu großen Teilen verdonesk freihängende Abwärts-Autobahn der Route »Echo des Alpages«. Wir geben noch einmal Vollgas, und nach dreißig Minuten stehen wir mit glühenden Abseilachtern am Band. Das hat gerade noch gereicht. Im

Couloir sehen wir nicht mehr viel. Mit unserem einzigen Eisbeil bewaffnet, steige ich vorsichtig und mit dem Gesicht zur Wand über einige aus dem Schnee herausragende Felsen in die Mitte der Rinne. Robert stellt seine Teleskop-Skistöcke auf die richtige Länge, überholt mich – mit dem Gesicht zum Tal – und erkundigt sich freundlich:

»Geht's?«

In den vierzehn Jahren, die ich in den Westalpen klettere, hat mich bisher noch niemand im Eis oder Schnee gefragt, ob es geht. Aber Robert ist eben nicht nur ein sehr guter Alpinist, sondern auch ein sehr höflicher.

»Ja, es geht.« Knirsch...

Als wir zu unserer Höhle kommen, ist es Nacht. Nur der Capucin, den wir im Sternenlicht sehen, hört unsere Freudenschreie: »We made it!«

Wir haben in den letzten acht Tagen fünfmal biwakiert und zwei ED+–Routen gemacht, eine Erstbegehung und eine erste Winterbegehung. Und wir haben noch einen Haufen Gas, einen Haufen Fraß und mindestens eine Dose Bier in unserem »Gasthaus zum Capucin«. Flucht aus der Wirklichkeit? Ist ein Kontoauszug, diese Quintessenz der bürgerlichen Realität, wirklicher als ein paar hundert Meter Luft unter den Füßen und der blaue Himmel über deinem Kopf, als die verschrammten, blutigen Hände, der Sonnenbrand und das freudestrahlende Lächeln des Partners am Standplatz? Was für ein Haufen Unsinn.

Wir gingen in die Berge, und eigentlich war es genau wie immer: Es war einfach prächtig. Morgen fahren wir ins Tal, und übermorgen trampe ich nach Hause. Und dann beginnt mein Job.

Meine erste Vierzig-Stunden-Woche in einem Büro dauerte genau drei Tage. Dann pfiff ich auf ein festes Einkommen und zog wieder auf Abenteuer.

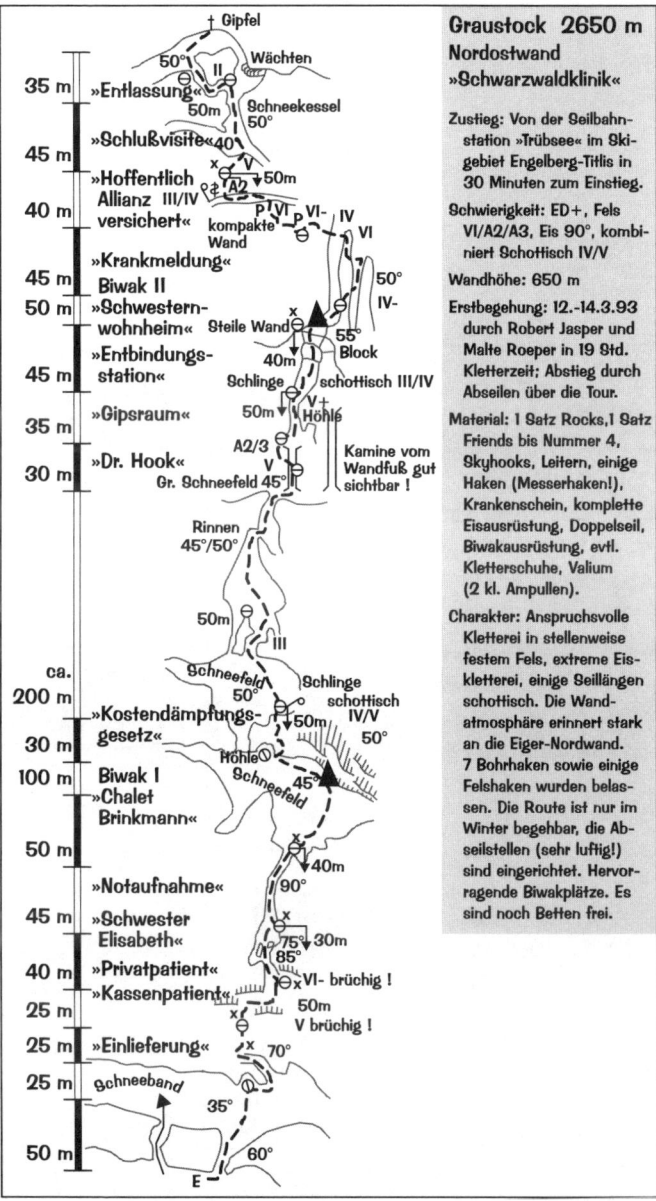

**Graustock 2650 m**
**Nordostwand**
**»Schwarzwaldklinik«**

Zustieg: Von der Seilbahnstation »Trübsee« im Skigebiet Engelberg-Titlis in 30 Minuten zum Einstieg.

Schwierigkeit: ED+, Fels VI/A2/A3, Eis 90°, kombiniert Schottisch IV/V

Wandhöhe: 650 m

Erstbegehung: 12.-14.3.93 durch Robert Jasper und Malte Roeper in 19 Std. Kletterzeit; Abstieg durch Abseilen über die Tour.

Material: 1 Satz Rocks, 1 Satz Friends bis Nummer 4, Skyhooks, Leitern, einige Haken (Messerhaken!), Krankenschein, komplette Eisausrüstung, Doppelseil, Biwakausrüstung, evtl. Kletterschuhe, Valium (2 kl. Ampullen).

Charakter: Anspruchsvolle Kletterei in stellenweise festem Fels, extreme Eiskletterei, einige Seillängen schottisch. Die Wandatmosphäre erinnert stark an die Eiger-Nordwand. 7 Bohrhaken sowie einige Felshaken wurden belassen. Die Route ist nur im Winter begehbar, die Abseilstellen (sehr luftig!) sind eingerichtet. Hervorragende Biwakplätze. Es sind noch Betten frei.

Im Bild angegebene Routenbeschriftungen:

- Gipfel
- Wächten
- »Entlassung«
- Schneekessel 50°
- »Schlußvisite«
- »Hoffentlich Allianz versichert«  III/IV
- kompakte Wand
- »Krankmeldung«
- Biwak II
- »Schwesternwohnheim«
- Steile Wand
- »Entbindungsstation«
- Schlinge  schottisch III/IV
- Block
- »Gipsraum«
- Höhle
- »Dr. Hook«
- Gr. Schneefeld 45°
- A2/3
- Kamine vom Wandfuß gut sichtbar!
- Rinnen 45°/50°
- Schneefeld 50°
- Schlinge schottisch IV/V
- »Kostendämpfungsgesetz«
- Höhle
- Schneefeld 45°
- Biwak I »Chalet Brinkmann«
- »Notaufnahme«
- »Schwester Elisabeth«
- »Privatpatient«
- »Kassenpatient«  VI- brüchig!
- »Einlieferung«
- Schneeband
- E

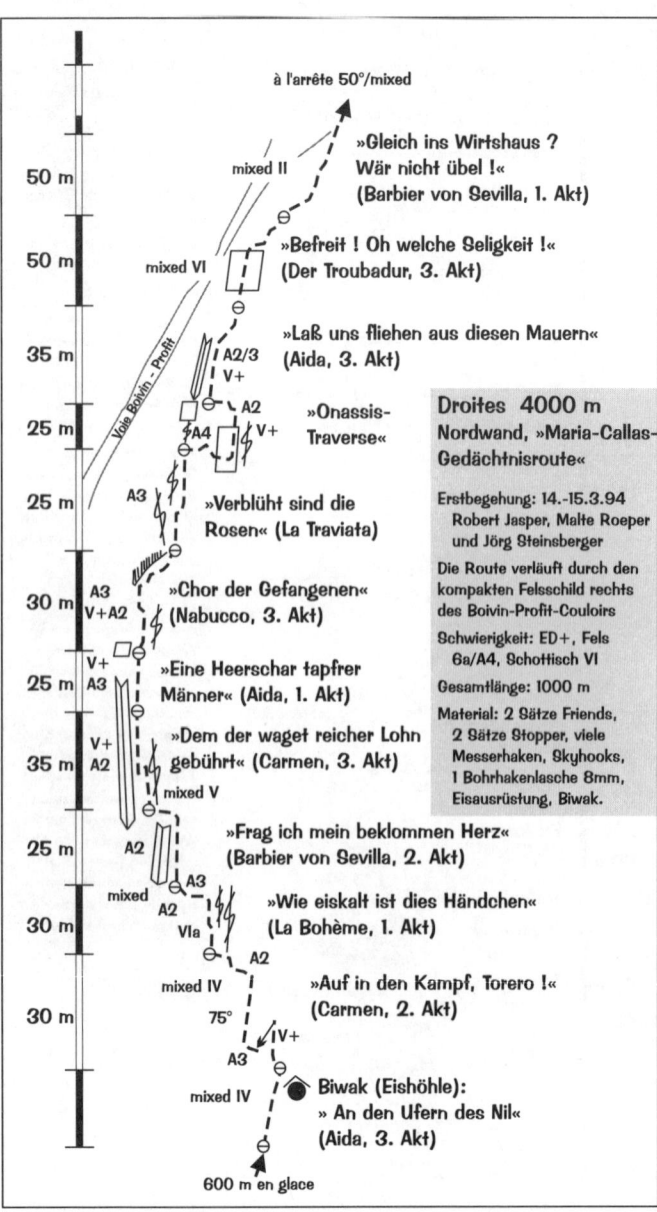

à l'arrête 50°/mixed

mixed II

50 m

»Gleich ins Wirtshaus ?
Wär nicht übel !«
(Barbier von Sevilla, 1. Akt)

50 m

mixed VI

»Befreit ! Oh welche Seligkeit !«
(Der Troubadur, 3. Akt)

35 m

A2/3
V+

»Laß uns fliehen aus diesen Mauern«
(Aida, 3. Akt)

25 m

A4    A2
V+

»Onassis-
Traverse«

Voie Boivin - Profit

25 m

A3

»Verblüht sind die
Rosen« (La Traviata)

30 m

A3
V+A2

»Chor der Gefangenen«
(Nabucco, 3. Akt)

25 m

V+
A3

»Eine Heerschar tapfrer
Männer« (Aida, 1. Akt)

V+
A2

»Dem der waget reicher Lohn
gebührt« (Carmen, 3. Akt)

35 m

mixed V

25 m

A2

»Frag ich mein beklommen Herz«
(Barbier von Sevilla, 2. Akt)

mixed

A3
A2
VIa

»Wie eiskalt ist dies Händchen«
(La Bohème, 1. Akt)

30 m

A2

mixed IV

75°

»Auf in den Kampf, Torero !«
(Carmen, 2. Akt)

30 m

IV+
A3

mixed IV

Biwak (Eishöhle):
» An den Ufern des Nil«
(Aida, 3. Akt)

600 m en glace

**Droites 4000 m
Nordwand, »Maria-Callas-
Gedächtnisroute«**

Erstbegehung: 14.-15.3.94
Robert Jasper, Malte Roeper
und Jörg Steinsberger

Die Route verläuft durch den
kompakten Felsschild rechts
des Boivin-Profit-Couloirs

Schwierigkeit: ED+, Fels
6a/A4, Schottisch VI

Gesamtlänge: 1000 m

Material: 2 Sätze Friends,
2 Sätze Stopper, viele
Messerhaken, Skyhooks,
1 Bohrhakenlasche 8mm,
Eisausrüstung, Biwak.

# Opera vertikal

**Maria Callas gewidmet: eine Erstbegehung**

Es muß im Juli '79 gewesen sein. Mit Ehrfurcht in den Bäuchen stapften wir den flachen Gletscher im nebelverhangenen Argentièrekessel hinauf. Morgen die Triolet-Nordwand, in dem berühmten Buch der nach Schwierigkeit geordneten Top Hundert des Montblanc-Gebiets die Nummer Achtundachtzig, und natürlich viel zu hoch bewertet für so eine Firnwand, aber achtundachtzig Punkte blieben achtundachtzig Punkte. Ich war erst siebzehn, aber mein Lübecker Partner war schon dreiundzwanzig und außerdem von der Geburt her ein halber Engländer, die galten als kühn im Eis. Der Nebel riß auf, und wir standen genau unter *ihr*, starrten mit offenen Mündern vom Fuß bis zum Haupt an ihr hinauf wie an einem Götzenaltar. Neunundneunzig Punkte!, sie war es leibhaftig: die Droites-Nordwand. Schrecklich sah sie aus, furchtbar, ein Stück aufgesteilter Antarktis, in der man unmöglich überleben konnte. Dann entdeckten wir schaudernd eine Seilschaft links oben im großen Einstiegseisfeld. Die Armen! So etwas würde ich nie tun.

Zwei Jahre später gelang uns die Triolet, und die angebliche Seilschaft in der Droites war immer noch an der gleichen Stelle. Es handelte sich um zwei Felsen, die im Abstand von etwa einer Seillänge aus dem Eis schauten. '84 durchstiegen zwei Freunde aus meiner neuen Heimat Freiburg die Messner-Route. Sie hatten ein entsetzliches Biwak, aber der Bann der angeblich schwersten kombinierten Wand der Alpen war gebrochen. Ein Jahr später erging es Tobi und mir genauso. Gleiche Route, furchtbares Biwak, aber geschafft. Halb sitzend, halb hängend verbrachten wir die Nacht in der Gipfelwand, hoffnungslos zwischen Trittschlingen und Selbstsicherung verheddert, zu erschöpft, um mit den Zähnen zu klappern. Die Nacht wurde zum Gang durch den Spiegel, beklemmender Ausflug in einsame, unbekannte Zimmer im Haus der eigenen Psyche.

Ausgerechnet in dieser Wand entdeckte ich fünf Jahre später die Möglichkeit für eine Erstbegehung. Erst vier weitere Jahre später war die Zeit reif. Ich hatte monatelang trainiert und das extreme Bergsteigen satt. Nach dieser Tour wollte ich eventuell aufhören, aber diese Route mußte noch gelingen. Einmal noch.

»Das könnt Ihr nicht mit mir machen!«

In Roberts blauen Augen flackert die Panik. Dabei haben wir ihm nur den einfachsten und unkompliziertesten Abstieg von der Droites vorgeschlagen. An den Abstieg nach Süden schlösse sich allerdings ein fünfzehn Kilometer langer Fußmarsch über die Gletscher ins Tal an.

»So weit laufen! Da brauche ich doch viel zu lange, um mich für die nächste Tour zu erholen.«

Der freiberufliche Bergführer Robert Jasper hat ein Problem, das dem Mathematiker Jörg Steinsberger und mir nicht im Traum einfällt: an das, was nach dieser Tour kommt oder kommen soll, denken wir vorläufig nicht.

Ich habe das Team zusammengestellt, den Termin gefunden, an dem wir alle Zeit haben, Taktik und Logistik ausgetüftelt und vor allem die Möglichkeit für diese Linie entdeckt, die nach niemand Geringerem als Maria Callas heißen soll. *Einmal mit Bergsteigen etwas Vernünftiges vollbringen!* Eine Route für Möllemann oder Dieter-Thomas Heck könnten wir so angemessen wie problemlos durch eine x-beliebige Schrofenwand legen. Für einen wirklich großen Namen dagegen benötigt man auch eine wirklich große Linie. Und gute Linien in berühmten Wänden sind kostbar, weil heutzutage kaum noch zu finden. Meine Seilpartner ahnen nichts von meiner Verschwörung, das Resultat unseres gemeinsamen Ringens nach einer Sängerin zu benennen. Sie mögen auch gar keine Oper. Aber seit Jahren ist das Stück geschrieben, jetzt führen wir es auf. Egal, was danach kommt oder ob danach überhaupt noch eine Bergtour kommt. Diese Route muß noch gelingen. Einmal noch.

*Unterwegs im Auftrag der Diva,*
*ein Auftrag, so schön wie er nie war.*

Um eine Uhrzeit, zu der vernünftige Menschen feiernd nach Hause kommen, verlassen wir die Hütte. Die unteren zwei Drittel der tausend Meter hohen Wand stapfen wir ohne Sicherung noch in der Nacht hinauf. Im Sommer wäre hier blankes Eis, jetzt im Winter ist es guter fester Schnee, manchmal auch Firn: ideal. Zwei Stunden nach Tagesanbruch beginnen Jörg und Robert mit den ersten Seillängen im Neuland. Unser unerforschter kleiner Kontinent in dieser von zahlreichen verschiedenen Routen durchzogenen Wand ist ein kompakter, knapp zweihundert Meter hoher Felsschild. Hier war noch niemand. Hier sind wir Livingstone. Ich bleibe unter dem Felsschild zurück und hacke drei Plattformen für die Nacht aus dem Eis, eine Arbeit, die den ganzen Tag in Anspruch nimmt.

Jörg und Robert klettern technisch. Sie wursteln sich mit kleinen Trittleitern an Haken, Klemmkeilen und anderen Hilfsmitteln hinauf, die sie in den schmalen Rissen im Fels unterbringen. Streckenweise ist es extreme technische Kletterei, und die schlecht sitzenden Haken halten kaum mehr als das Körpergewicht. Diese Art des Kletterns verlangt Geduld wie ein Mikado-Spiel, Mut, vor allem aber Intuition: Hält das oder hält das nicht? Man muß es ahnen, spüren. Beim Freiklettern an sonnig-gemütlichen Mittelgebirgsfelsen halten die Haken zwei Tonnen, aber man darf nicht hineinlangen. Sonst gilt's nicht, haha! Das ist sie, die Logik des Kletterns – es sich möglichst schwer zu machen. Wenn ihnen hier ein Haken ausbricht, poltern sie zwei, drei Meter ins Seil, bis der nächste Haken hält. Falls der nächste Haken auch noch rauskommt, rumpeln sie noch ein bißchen weiter. Richtig gefährlich ist das nicht, aber dann müßten sie die gleiche Stelle nochmal hinauf, mit noch mehr Angst als vorher.

Jörg und Robert klettern, soweit sie kommen. Dann fixieren sie dort die Seile und seilen wieder ab zu mir. Schneeschmelzen, ein bißchen kochen, reichlich trinken und ab in die Schlafsäcke. Saukalt ist diese Nacht, aber wenigstens können wir alle ausgestreckt liegen. Leider in drei Etagen und getrennt, das ist nicht so warm wie nebeneinander, aber immerhin: Wir können liegen. Selbstverständlich war das vorher nicht, und für den Notfall liegen Hängematten in einem der Rucksäcke.

Auf die sternklare Nacht folgt ein noch kälterer Morgen. »Höchstens minus fünfzehn«, meint Robert, und ich glaube ihm kein Wort. Ich liege in der mittleren Etage neben dem Gaskocher und mache mich beliebt, indem ich die Thermoskanne mit heißen Getränken fülle und am Seil zu meinen Freunden schicke. Während des Frühstücks beobachten wir zwei Seilschaften, die weiter drüben in der gleichen Wand eine andere Route klettern, die Jörg und ich vor einem Monat gemacht haben. Die Droites-Nordwand ist nicht leichter als die berüchtigte Eiger-Nordwand, aber heute herrscht Hochbetrieb. Das ist einerseits eine Art Winterschlußverkauf wegen der guten Firnverhältnisse jetzt im März, andererseits auch ein Ausdruck der galoppierenden Entwicklung im Alpinismus ganz allgemein. Was vor zwanzig Jahren noch für wirklich unmöglich galt, beherrschen heute Hunderte. Berti Vogts' unvergessenes Wort über die Bundesliga gilt auch für die Bergsteiger: »Die Spitze ist unheimlich breit geworden.«

Mit Jümarklemmen steigen wir an den gestern fixierten Seilen auf. Während sich Jörg und Robert – BINGBINGBING! die kleinen Hartstahlhaken – ziemlich wortgetreu mit den nächsten schwierigen Seillängen herumschlagen, stehe ich mehr als sechs Stunden auf ein und demselben Felsband und friere. Das ist noch weitaus länger als früher an einem ganz miesen Tag an der Autobahnauffahrt. Ich habe mich in ein Kühlhaus verirrt, und jemand hat die Tür hinter mir zugeschlagen. Ich kann hier nicht weg. Die Kleidung ist keine Trennschicht mehr zwischen warm und kalt. Alles, ALLES ist kalt, so kalt, nur kalt, und die Zeit will nicht enden.

Mein Handgelenk ist ein wenig lädiert, weil ich gestern so lange auf das blanke Eis eingeschlagen habe. So bin ich Seilletzter und habe wenigstens die Ehre des schwersten Rucksacks. Immerhin. Die anderen beiden wechseln sich mit dem Führen ab. Robert bastelt sich mit gesträubtem Nakkenhaar virtuos durch eine extrem schwierige, knifflige Querung, die wird Onassis-Traverse heißen, jawohl, Onassis-Traverse, nach jenem Schuft, schurkigen, der die Sängerin für die noch prestigeträchtigere Präsidentenwitwe verließ. Und die Seillänge über meiner Sechs-Stunden-Tiefkühltruhe ist der »Chor der Gefangenen« (Nabucco, 3.Akt). Seit Jahren weiß ich, wie die Seillängen heißen würden. Der Name für den Biwakplatz stand zuerst: »An den Ufern des Nil« (Aida). Wie gesagt, es ist die Aufführung eines lang geschriebenen Stückes.

Man könnte eine dieser unbeholfenen Parallelen konstruieren: Die Callas hat es sich immer schwer gemacht, und Bergsteiger tun das auch. Als entfesselte Perfektionistin sang sie jede Probe mit voller Stimme, aber bald interessierte die Welt sich mehr für die Skandale der »Tigerin« Callas als für ihren Gesang. Sich reulos vom Ehemann zu trennen und die Liason mit einem Millionär nicht zu verheimlichen, gab den Skandalblättern der prüden fünfziger Jahre eben erheblich mehr Stoff als heute. Außer der Kunst funktionierte kaum etwas in ihrem Leben. Sie war unglücklich, einsam, hatte unmittelbar vor jedem Auftritt rasende Angst, ihren Text zu vergessen. Sie wußte, daß da draußen genügend Leute saßen, die nur auf einen Fehler, einen falschen Ton von ihr lauerten. Jede gelungene Aufführung war eine Enttäuschung für die Boulevardpresse, Moralisten und andere Hyänen. Über Geld sagte sie so charmant wie unnachahmlich: Es sei ihr völlig gleichgültig, wie hoch ihre Gage sei, solange sie nur höher sei als die aller anderen. Während Leibesfülle allgemein dem

Stimmvolumen als förderlich, ja beinahe unentbehrlich gilt, hungerte sie sich in einem Jahr dreißig Kilo runter, weil sie aussehen wollte wie Audrey Hepburn. Und schwupp! – sie *sah* aus wie ein Filmstar. Wenn ihre Stimme einen guten Tag hatte, hing das Publikum auf der Vorderkante der Sitzreihen.

Wenn heute ihre Stimme von einer Tonkonserve erklingt, verwandeln sich Lautsprecher in Infrarotlampen, und es wird warm im Zimmer. Über ihren Tod sagte ein berühmter Zeitgenosse, die Götter hätten sich gelangweilt und ihre schönste Stimme heimgeholt. Ein Biograph schrieb, sie habe jeden Ton gesungen, als würde es ihr letzter sein. Intensität – da könnte man eine bessere Parallele zum Bergsteigen herstellen. Und eine kleine gemeinsame Grenzfläche zwischen Kunst und extremem Bergsteigen gibt es auch, nämlich: Leidensbereitschaft, eine Hingabe, die weit darüber hinausgeht, sich lediglich etwas schwer zu machen, und ein Schlüsselwort, Summe aus »bereit« und »Leidenschaft«.

Die Onassis-Traverse ist die Schlüsselstelle der Tour. Zum ersten Mal bringt Robert seine selbstgebauten Aluminium-Nieten zum Einsatz. Sie bestehen aus einem Metallzylinder von der Größe eines Zigarettenfilters und einem hauchdünnen Drahtkabel. Er hat noch nicht einmal einen Namen für seine Erfindung; ich nenne sie einfach »Jasperheads«. Wie einen Stöpsel schlägt er so eine Alu-Niete in ein winziges Felsloch. Das Weichmetall verformt sich im Fels und klebt – oder wie man das nennen soll – in der Vertiefung. Hundert Kilo mag das halten, vielleicht etwas mehr, vielleicht auch weniger. Robert klinkt seine Leiter in das Drahtkabel ein, verlagert langsam sein Körpergewicht in die Leiter, uff, es hält. Nach dieser Länge läßt die Steilheit endlich nach, und von nun an wird es etwas rascher gehen. Neunte Länge: »Laß uns fliehen aus diesen Mauern« (Aida, 3. Akt).

Aus sicherer Entfernung spende ich von unten Beifall. Mit Länge zehn »Befreit! O welche Seligkeit!« (Der Troubadour, 3. Akt) ist es vollbracht, was bleibt, ist Stapferei. In der

Abendsonne erreichen wir das Schneefeld, das ohne weitere Schwierigkeiten hinauf zum Gipfelgrat leitet. Welch ein Augenblick – die Sonne steht schon tiefer als wir, aber sie scheint noch, eine zerfließende, triefende goldene Kugel, der Schnee um uns glänzt golden wie Butter auf dem heißen Toastbrot, tiefrot leuchtet der Granit über uns mit seinen dreihundert Millionen Jahren. Das meiste der umfangreichen Kletterausrüstung, Haken, Karabiner und all das Zeug, kommt in die Rucksäcke, und die sind jetzt wirklich schwer. Dies goldene Licht, die pfeifenden Lungen, die Gesichter der Freunde zwischen Euphorie und Erschöpfung: so schön, so wahr. Sogar unsere kalten Zehen spüren wir wieder.

Es ist Nacht. Vom Gipfel nehmen wir Roberts Spezialabstieg und queren in der Südflanke Richtung Westen. Plötzlich sehe ich Jörg nicht mehr. Roberts Fußspuren führen zwanzig Meter waagrecht durch den Schnee und um eine Felskante.

Aber wo – ... – um Himmels willen ist Jörg? Verdammt...!!! Wenn ein Körper dort hinabstürzt, muß er einen Krater im Schnee hinterlassen, also suche ich mit meiner Stirnlampe den Hang unterhalb der Spur ab. Pervers, diese kalte Logik, aber sie müßte stimmen. Da ist kein Loch, also lebt er. Eilig folge ich Roberts Spuren um die Kante – da ist er.

Das zweite Biwak wird famos. Platz für alle drei nebeneinander, warm, bequem und – wir liegen nach Osten, wissen, daß die Sonne uns wecken wird. Liebevoll küssen uns die ersten Strahlen wach, und wir krabbeln aus unserer kleinen Höhle heraus, halten Gesicht und Hände in die Sonne wie Eidechsen beim Wärmetanken im August. Tolles Panorama, da drüben der Montblanc und kuckmal, die Jorasses-Nordwand, wo seid Ihr da damals rauf? Toller Tag, der so beginnt. Nur leider fast nichts mehr zu essen.

Der Rest von Roberts Abstieg zurück zu unseren Skiern am Einstieg ist einfach: eine achthundert Meter hohe Eiswand absteigen. Wirklich einfach, nur fallen darf man nicht. Dann auf die Skier, dallidalli ins Tal und ab in die Kneipe.

*Nach tausend Metern steilem Steigen*
*hängt mein Himmel voller Geigen.*
*Es ward erfüllt der Auftrag der Diva,*
*ein Auftrag, so süß wie er nie war.*

Das war die Tour. Der rastlose Robert, derzeit wohl der beste
und vielseitigste deutsche Bergsteiger, hat seine dritte Erstbegehung im Montblanc-Gebiet hinter und ein nächstes Groß-
projekt vor sich, Jörg hat mindestens noch einmal zugelangt,
bevor sein erster Vollzeitjob ihm die Zeit zum Klettern raubt,
und ich-ich-ich habe die Route für Maria Callas, habe mit zwei
Freunden den größten Traum verwirklicht, den ich je im
Zusammenhang mit Klettern hatte. Ich bin den beiden unend-
lich dankbar, nicht zuletzt dafür, daß sie den Routennamen
akzeptiert haben. Und nun?

Reinhard Karl schrieb: »Wirklich oben bist du nie«, und
das ausgerechnet, nachdem er den höchsten Berg der Welt bestiegen hatte. Bergsteigen ist eine umständliche und schweiß-
treibende Methode, nirgendwo hinzukommen. Und es ist viel
zu anstrengend, als daß man es wirklich genießen könnte. Aber
Bergsteiger leben in einem seligen Perpetuum mobile extremer
Motivation. Das Brett, das uns die Welt bedeutet, ist das vorm
eigenen Kopf.

Irgendwann denkst du wieder an die nächste Tour. Du vergißt
die Schinderei der letzten harten Route und malst die nächste
in rosigen Farben. In der Wand wirst du ernüchtert feststellen,
daß eigentlich alles genauso ist wie letztes Mal. Die Berge sind
kein Zuhause, aber du bist immer willkommen. »Komm
wieder, Freund«, flüstern sie, »du weißt doch, wie intensiv das
Leben hier ist. Vergiß, was dich langweilt!« Was immer du tust
und wo immer du bist – all die Wände, die du schon immer mal
klettern wolltest, stehen da oben herum und sind schön wie
kaum etwas anderes. Und immer kommt es dir vor, als ob sie
nur auf dich warten.

Aber nicht jetzt. Jetzt warten die Schallplatten.

# Ten Years After

## Jubiläum am Crozpfeiler

»Haben wir was für den Notfall dabei?«
»Klar, ich hab' was, kein Problem.«
Jörg zeigt auf eine abgeschabte Plastiktüte.
»Was is'n da drin?«
Er zuckt mit den Schultern.
»Weiß nicht. Die Tüte hab' ich immer dabei. Seit Jahren schon.«
»Laß sehen.«
Widerwillig knoten seine sehnigen Finger die Tüte auf und bringen zum Vorschein: ein Dreieckstuch (einwandfrei), ein Verbandspäckchen (Verpackung rissig), eine Mullbinde (gebraucht).
»Ist doch OK, oder?« sagt er. Als er die Mullbinde neu aufwickelt, entdecke ich einen Blutfleck.
»Ich will neues Verbandszeug, wenn wir da einsteigen.«
»Echt jetzt? Übrigens – hast du noch was von deinem Oropax? Meine Radlager sind kaputt.«

Mit ausgeschlagenen Radlagern und dem Klangbild eines T-34 rollen wir in Chamonix ein. Vor zehn Jahren waren wir zum ersten Mal gemeinsam hier, per Anhalter und mit viel Geduld am Straßenrand. Das waren noch Zeiten: Auftakt für eine langjährige Freundschaft und eine fruchtbare alpine Zusammenarbeit. Jetzt sind wir Anfang dreißig statt Anfang zwanzig, die urlaubsfetten Jahre an der Uni sind vorbei. Wir wohnen nicht mehr in Wohngemeinschaften, wir haben mehr Haare auf der Brust und ein paar graue auf dem Kopf. Jörg hat sogar einen richtig guten Job. Und sein rumpelndes Auto ist schon wesentlich besser als der legendär schrottreife Vorgänger, mit dem wir in den letzten Jahren unterwegs waren und gelegentlich stehenblieben. Ein Auto, das im Dunkeln nicht fuhr, wie die Indianer, die nachts nicht in den Kampf zogen. In der Lichtmaschine saßen böse Geister, der Kühler hatte Löcher, und Blinker und Scheibenwischer spielten Verwechslungskomödie und vertauschten ihre Armaturen. Der Blinker fiel erst dann im Dunkeln aus, wenn die Zündung schon stotterte, der Scheibenwischer manchmal auch am Tage, aber ab hundertzwanzig drückte der Fahrtwind das Wasser auch allein von der Scheibe. Alle liebten Jörgs Auto. Nur Jörg haßte es.

Für unsere Jubiläumsroute haben wir nur eine Woche Zeit statt damals vier, aber dafür ist das gute Wetter tatsächlich auf die Minute pünktlich. Ohne jede Verzögerung erreichen wir am nächsten Tag mit Skiern die Leschaux-Hütte, Blick auf die Jorasses-Nordwand: Da wollen wir rauf. Der Crozpfeiler soll es sein, großzügig, kombiniert, ernst, wild, einsam. Fünfmal bin ich dort schon abgeblitzt, davon zweimal in vierhundert Meter Wandhöhe. Wenn es wieder einen Rückzug gibt, bin ich reif für die Insel. Mit Jörg allerdings mußte ich noch nie irgendwo umkehren. Ob die Serie hält?

Wir haben Anfang April, als Winterbegehung zählt das nicht mehr, aber das bleibt Nebensache. Die kleine Hütte ist erstaunlich voll für die Jahreszeit, und das liegt an den guten Verhältnissen im »Leichentuch«, dem großen Eisfeld links des Walkerpfeilers: Nicht weniger als acht Leute werden dort morgen einsteigen. Als erste brechen wir nachts auf, als erste sind wir unterwegs, hinaus aus der Geborgenheit der Hütte und tun, was wir nicht lassen können: Bergsteigen. »Frau Wirtin, einmal das Übliche! Kombinierter Teller, Nordwandkompott und die Biwaknachspeise bitte sehr kalt.«

Wir können nicht sicher sein, ohne Biwak durchzukommen, haben aber keinen Schimmer, wo oder ob es am Croz überhaupt Plätze zum Biwakieren geben wird. Man wird sehen. Das Problem wurde nicht mit einem einzigen Wort auch nur erwähnt, nun denn, wir haben eben Routine. Wir haben sogar völlig ruhig geschlafen vor der Tour, das gab's noch nie.

Wir verfransen uns im Gletscherbruch, und ich breche, exakt in Jörgs Spur gehend, in eine Spalte und hänge im Seil. Wie bei einem Springer im V-Stil wedeln die Skier im Licht der Stirnlampe umher, aber am Ende komme ich allein wieder heraus. Im Sauseschritt vergeht die Zeit, und als wir endlich einsteigen, ist es schon hell.

Nach vierhundert Metern, in der Scharte am zweiten Turm, wird es spannend. Hier enden meine Vorkenntnisse, dreißig Meter über der Scharte bin ich letztes Mal solo wegen schlechter Verhältnisse umgekehrt. Jörg übernimmt die Führung, und vermutlich waren es doch nicht die Verhältnisse, die mich vor vier Jahren umkehren ließen. Die zwei Seillängen über den plattigen, kompakten Pfeilerrücken hinauf zum Mittleren Eisfeld sind einfach ganz schön schwer, erheblich schwerer als in der Beschreibung angegeben.

Jörgs Schnelligkeit, besonders im Fels, ist eine ebenso feste wie beruhigende Größe zwischen all den Unbekannten in der Kalkulation für solch eine Tour. Er ist auch sonst ein schneller, ein eiliger Mensch. Einer von denen, die beim Tanken im Laufschritt vom Bezahlen zurückkommen. Immer muß alles möglichst schnell gehen, aber keinesfalls schlampig!, und das macht die Welt für ihn noch viel schwieriger. Aber er bringt die Dinge wirklich schnell zu Ende, nicht wie einer von denen, die alle Welt mit blinder Hektik nerven und am Ende doppelt solange brauchen. Ein Hochbett planen und bauen in weniger als vierundzwanzig Stunden, das würde ich nicht einmal probieren. Dennoch ist er erheblich ruhiger geworden in den letzten zehn Jahren, gelassener, heiterer. Und im Fels noch schneller.

Nach dem Eisfeld kommen angeblich die Schlüssellängen, die Spannung steigt. Die Atmosphäre des Ortes nimmt uns gefangen und begeistert uns zugleich. Was für ein wilder Flecken Europa, eine Wand, einen Kilometer hoch und vier

Kilometer breit, über einem mächtigen, zerrissenen Gletscher, Nordseite, finster und hell auf einmal. Hier wirst du zur Ameise, mit dem Unterschied, daß du nicht seilfrei über die Überhänge kommst. Eine andere Welt, eine andere Wirklichkeit. Du funktionierst fast perfekt, und du funktionierst anders. Mit Steigeisen stehst du nicht so komfortabel im Fels wie mit Stiefeln oder gar mit Kletterschuhen, aber irgendwann plazierst du die Füße fast genauso schnell. In deinem Kopf läuft eine andere Software, nicht mehr *Alltag für Windows* mit den Untermenüs für Arbeit, Essen, Einkaufen, sondern *Mountaineering for Workgroups*. Die Entscheidungen sind klarer, weniger kompliziert als im Alltag. Die Dinge sind a) möglichst sicher, b) möglichst schnell sowie c) möglichst kraftsparend zu erledigen. Einfacherweise gibt es nur »richtig« oder »falsch«. Da »falsch« nicht erlaubt ist, gibt es eigentlich nur »richtig«. Im Alltag ist es leider nicht immer so einfach.

Abgesehen von Jörgs berechtigten Klagen über einen hartnäckigen Schluckauf ist die Kommunikation auf knappe Anweisungen beschränkt. »OK« zu artikulieren ist schon zu anstrengend, wir sagen nur noch »kee«. Der Ernst der Situation, sich überhaupt an diesem Ort aufzuhalten, hat auch etwas sehr Romantisches. Man ist innerlich zerrissen zwischen der Kälte, mit der man die Entscheidungen trifft und seinen Körper nicht schont, und der Schwärmerei und zärtlichen Begeisterung, die einen überhaupt hierherbringt.

Wir finden den optimalen Durchstieg zu den Schlüssellängen, die den Durchstieg ins Obere Eisfeld freigeben. Wieder geht Jörg voraus, wieder ist es schwerer als erwartet. Wieder behalte ich die Steigeisen an, damit ich vom letzten Stand sofort ins Eis weiterklettern kann, während Jörg seine Eisen anzieht. Wir gehen viel gleichzeitig, das erfordert nicht nur Konzentration, das braucht auch Vertrauen. Blindes Vertrauen und blindes Verständnis halten uns genauso zusammen wie das Seil, und was nicht fehlt in dieser rauhen Umgebung ist die Freude, mit niemand anderem hier zu sein als genau dem da.

Mit niemand sonst sind mir so viele große Touren gelungen, mit keinem anderen Kletterpartner bin ich so oft daheim im Café Atlantik herumgehangen. Einmal habe ich ihn beim seilfreien Gehen mit einer Hand festgehalten, als er wegzurutschen drohte, ein paar Monate später paßte er auf, als ich mit einer falsch gefädelten Abseilstelle Mist baute. So etwas verbindet noch viel mehr als die Erfolge. Vor allem haben wir alles überlebt, das ist der größte Erfolg. »Ein Freund, ein guter Freund...« – wer glaubt, das sei das Beste auf der Welt, der hat einiges verpennt im Leben. Aber es bleibt etwas sehr, sehr Schönes. Wir können hinübersehen zur Drus, dort war unsere erste gemeinsame Route, die »Amerikanische Direkte«. Biwak hoch oben in der Westwand, mit sattem Sonnenuntergang in watteweichen Schäfchenwolken, schöner ging's nimmer. Und die Tourenhose, die sich Jörg damals für die Drus gekauft hat, die trägt er jetzt immer noch. Mit seinem jetzigen Job könnte er sich ohne weiteres mal eine neue leisten, aber mit Material ist er so sparsam wie mit der Zeit. Als ich unter seinen wetterbleichen Schlingen und den verkratzten Karabinern eine neue Expreßschlinge entdeckte, war es ihm fast peinlich: »Ach die, äääh, na ja, war ein Geschenk meiner Schwester.«

Die obere Hälfte des Eisfelds ist blank, übles, sprödes Eis, wenn auch nicht steil. Auch hier bewähren sich meine peinlich neuen Eisbeile hervorragend. Sie haben diese s-förmigen Schäfte, mit denen sie schon eher wie futuristische Gartenharken aussehen als wie Geräte zum klassischen Bergsteigen. Als ich vor ein paar Wochen zu Hause die Handschlaufen der Eisbeile einstellte, kam im Fernsehen eine Werbung für ein neues Auto, mit dem das Leben wirklich aufregend werden sollte. Wissend wog ich meine neuen Spielzeuge in der Hand. »Jungs«, dachte ich, »ihr habt doch keine Ahnung.«

Der eisgefüllte Kamin, der links hinauf zu einer Scharte auf dem Pfeilerrücken führt, ist völlig unproblematisch. Wieder gehen wir gleichzeitig, kommen in die Sonne, die am späten Nachmittag in die westseitigen Ausstiegslängen scheint. Hier oben Sonne, bei dieser Aussicht neunhundert Meter hinunter auf den Gletscher und nach all den strengen Stunden im Schatten, da weißt du wieder, warum du diese Touren liebst. Wir packen den Kocher aus, schmelzen Schnee und trinken. Pausen sind auch eine Frage der Effektivität. Wer seinen Körper unnötig austrocknen läßt, wird langsam.

Ein kurzes Stück nur klettern wir auf dem eigentlichen Pfeilerrücken hinauf, dann geht es nach rechts in das Ausstiegscouloir. Mit einer eindrucksvoll brüchigen Querung umgehe ich die in der Beschreibung angegebene Abseilstelle, danach wird es überraschenderweise noch einmal schwer. Jörg versucht, eine harte kombinierte Passage links im Fels zu umgehen, vergeblich. Er bezweifelt, ob man rechts im Eis überhaupt hinaufkommt, denn von wegen Eis: Eis ist da nicht viel im Couloir, trotz der Jahreszeit. Ganz rechts im Grund der Verschneidung ein handbreiter, unterbrochener Streifen, links auf der Platte ein paar Flecken, wie bei einer Hautkrankheit. Ich bin mir sicher, daß man das klettern kann. Aber falls ich da nicht raufkomme, müssen wir in diesem fürchterlichen Schotter abseilen und den klassischen Ausstieg rauf, und den würden wir heute nicht mehr schaffen. Biwakplätze waren keine da, es würde eine unschöne Nacht. Ich habe von vielen Begehungen mit ein oder zwei Biwaks gelesen, aber wo haben die nur die Nächte verbracht? Nicht einmal die Stände waren bequem.

Die Eisbeile beißen wieder prächtig, obwohl die Spitzen mittlerweile fast so stumpf sind wie die Pointen in Siebecks Kochkolumnen im ZEITmagazin. Jörg feuert mich an. Höchstens zweimal schlagen, sonst platzt möglicherweise das Eis weg, dann ist der Ofen aus, dann geht nichts mehr. Das Tolle ist, daß ich ohne jede Angst klettere. Zum Angsthaben bin ich zu erschöpft, so albern das klingt. Mit der linken Hand piaze ich eine Schuppe an, die besser ist, als sie aussieht, und hacke das linke Frontalzackenpaar in einen der Eisflecken. Das Eis platzt nicht weg, hätte ich nicht gedacht. Mit dem rechten Eisbeil schlage ich in den Eisstreifen unter dem zweiten Haken, guter Klang!, das wird halten. Das Geräusch der eindringenden Haue verrät oft mehr als die optische Wahrnehmung. In der Öse des zweiten Hakens klemmt ein daumengroßes Steinchen. Mit der Hand komme ich nicht ran und fummle dann in stummer Verzweiflung mit der Haue des Eisbeils herum, bis sich das Steinchen endlich löst.

Mit einem Befreiungsschrei schlage ich die Geräte endlich ins flachere Eis. War es überhaupt so schwer? Ich kann es nicht sagen, aber von unten hat es schwer ausgesehen. Wo zum Teufel kann ich endlich Stand machen? Nirgendwo ist der Fels fest genug für einen soliden Haken, alles ist morsch. Auf dem letzten von fünfzig Metern Seil erwische ich einen Block mit dem ersten festen Riß. Ein Messerhaken singt hinein, dazu ein kleiner Stopper, endlich, endlich Stand. Noch zwei leichte Längen, dann müßten wir draußen sein.

Eigentlich entspricht der Crozpfeiler genau dem Bild, das sich eingefleischte Sportkletterer vom Bergsteigen machen: wenig interessante Kletterstellen, lang, anstrengend, wenig Zeit zum Lachen. Und gleichzeitig hält er, was sich begeisterte Bergsteiger von einer guten Tour versprechen: lang, anstrengend, großartige Landschaft, viel Zeit für tiefe, bleibende Eindrücke. Ich führe noch zwei Längen, dann sind wir tatsächlich draußen und es dämmert. Zehn Minuten vor dem Beginn des Biwaks auf einer flachen Stelle am Grat verabschiedet sich die Isoliermatte Richtung Italien, seufz. Ganz weit unten glimmen die Lichter von Cormayeur.

»Kicking the shit out of your body« – in vierzehn Stunden vom Einstieg bis zum Gipfelgrat. Wir sind fix und fertig. Abwechselnd gespurt, abwechselnd je nach Gelände der eine ein paar Längen geführt, dann der andere ein paar, ein wundervolles, harmonisches Teamwork. Und wenn einer doch mal grantelt, nimmt der andere Rücksicht und schimpft nicht zurück. Jörg richtet den Biwakplatz ein, ich kann nur noch stehen und ihm apathisch zuschauen wie ein Schaf. Windböen springen wie Hürdenläufer über die kleine Scharte, vor der wir liegen, das Kochen fällt schwer. Aber man muß trinken, jede Mühe ist das wert. Endlich liegen wir in den Schlafsäcken, weder sehr warm noch sehr bequem, aber wir liegen. Wir bekommen leichte Krämpfe in den Waden. Man braucht sich nur zu strecken, um sie zu stoppen, aber das Strecken fällt schwer in den engen Schlafsäcken.

Am Morgen ist es wieder windig, und der Kocher will nicht kochen. Aber was für eine Aussicht! Wir sitzen wie auf einem Kirchturmdach, hier oben auf der Grenze zwischen Italien und Frankreich. In unserem Rücken Frankreich und tausend Meter schattige Nordwand, vor uns Italien, ein steiler Südhang und Sonne. Dazu ein Stück bayerische Knoblauchsalami, ein wahrhaft europäisches Picknick. Den Rest der Gratüberschreitung Richtung Col des Grandes Jorasses unterschätzen wir völlig, drum probieren wir es nicht lange mit dem Kochen. Der felsige, messerscharfe Grat ist zwar wunderschön, aber er dauert ewig.

Wir sind langsam, sehr, sehr langsam. Du siehst deinen Partner in Zeitlupe, in Superzeitlupe einen Gratturm überklettern, staunst, wie lange das dauert, und dann spürst du einen Zug am Seil und hörst dich schreien: Nicht so schnell, verdammt! Die beste Ausrede für den nächsten Verschnaufer ist immer wieder: Mann, sieht das toll aus! Fotografier mal! Der Montblanc sieht von hier allerdings wirklich phantastisch aus, nichts, aber auch gar nichts außer dem Normalweg fehlt: Brenvaflanke, Pilier d'Angle, Peutereygrat, die Freneypfeiler.

Die Biwakschachtel am Col des Grandes Jorasses liegt schön und außerordentlich einsam, laut Hüttenbuch war seit vier Monaten niemand mehr hier. In großen Kreisen schwebt ein Papiertaschentuch langsam in der Thermik höher, und es winkt so schön, wie ein lieber Abschiedsgruß in einer RTL-Ärzteserie. Aber ach, ich hatte nur kein Klopapier...

Nach ausgiebiger Pause mit Speis und Trank steigen wir unproblematischer als je gehofft über den Gletscher ab zu unseren Skiern am Einstieg, rauf auf die Skier und ab zur Hütte.

Selbst für einen so lausigen Skifahrer wie den Verfasser ist es immer wieder ein überwältigender Geschwindigkeitsrausch, nach all der Mühsal einer Winterbegehung auf einmal so schnell vorwärtszukommen. Für die Abfahrt ins Tal würde es sogar noch reichen, aber was sollen wir da unten? Wir bleiben lieber noch für eine Nacht auf der Leschaux-Hütte, genießen die verdiente Ruhe nach unserem kleinen Sturm im Wasserglas. Dort treffen wir vier junge Franzosen, die morgen zum »Leichentuch« wollen. Zwei von ihnen bieten uns Tee an.

Einer von ihnen wird die Nacht nicht überleben.

Am Morgen beginnt Jörg, euphorisch dankbar für den guten Verlauf unserer Tour, einen Großputz in der verdreckten Hüttenküche. Wir wundern uns, daß wir niemanden im »Leichentuch« sehen, steigen auf die Skier und sausen überglücklich ins Tal. Wir kommen unter den Drus vorbei – »Weißt du noch? Das Biwak? Der Sonnenuntergang?« Der Fahrtwind streicht kühlend durch die fettigen Haare, es ist phantastisch gelaufen. Glück, das kann schon sein: Wir haben es hinter uns, und die Sonne scheint dazu.

Das Wetter bleibt gut, so legen wir noch eine Felstour am Grand Capucin nach und fahren anschließend erneut glückselig bei strahlendem Sonnenschein das Mer de Glace ab. Dort, wo man beim Verlassen des Gletschers die Skier ein Stück tragen muß, erzählt uns eine ältere Frau, daß einer der vier Franzosen im Zustieg zum »Leichentuch« tödlich verunglückt ist: fünfundvierzig Meter in eine Spalte gestürzt. Erst langsam entfaltet die schreckliche Nachricht ihre Wirkung. Wie sieht ein Mensch nach so einem Sturz aus? Wie mag er geheißen haben? Er war beim Militär, hat sie gesagt. Dann war es wahrscheinlich einer der beiden, die uns Tee angeboten haben. War es der, der uns zusammen fotografiert hat? Hatte er ein glückliches Leben, bevor er starb? War er Junggeselle? Verheiratet? Hatte er Kinder? Andere Hobbys außer Klettern? Auf dieser riesig breiten Spur zum »Leichentuch« hätte sich niemand angeseilt.

Dem Tod des jungen Franzosen ging kein Fehler voraus, das macht diesen Unfall so besonders perfide.

Auf den untersten Kehren der Abfahrt ins Tal hat sich der festgefahrene Schnee der Sonne ergeben. Müde und traurig stapfen wir durch den steinigen Matsch abwärts Richtung Chamonix. Ringsum treibt und blüht der wärmende Frühling. Das Leben geht weiter. Mit Ausnahmen eben.

Helle Blüten an den Böschungen stehen in symbolträchtigem Kontrast zu dem schwarzen Dreck auf der Piste. Meine Stiefel laufen den Weg von allein, wie ein erfahrenes Pferd seinen Weg in den Stall. Sieben Jahre alte Bergstiefel kennen die Wege ins Tal. Trauer klebt an unseren Blicken wie der Matsch an den Schuhen. SEINE Stiefel gehen nirgendwo mehr hin. Haarscharf hat die Sense wieder einen herausgemäht, präzise und ungerecht. Einen von uns.

In den Bäumen jubilieren tausend Vögel, aber einer ist tot.

# Die Elixiere des Übermuts

## Brückenspringen

*Die Geschichten in diesem Buch sind, soweit das bei einigen sich zeitlich überlappenden Ereignissen möglich ist, chronologisch geordnet. Der folgende Bericht hätte demnach eigentlich entweder zwischen der »Reise nach Malaga« und »Angst im Dunkeln« oder vor »Ten Years After« stehen müssen. Da man aber an Brücken in wenigen Sekunden vieles, wenn auch nicht alles von dem erlebt, wonach beim Klettern gesucht wird, steht die Geschichte am Schluß der Erlebnisberichte, gewissermaßen als Quintessenz.*

Wir hatten gehört, daß es schon mal jemand gemacht hatte, und es war klar, wie es ging: von einer der beiden Brücken, die parallel im Abstand von etwa fünfzig Metern diese wundervolle Schlucht zwischen Genf und Annecy überqueren, ein Seil zur anderen Brücke spannen, sich mit dem Klettergurt einbinden und runterspringen. Befestigungs- und Absprungpunkt mußten sich jeweils in der Mitte der Brücken befinden, so daß man nicht gegen einen Stützpfeiler oder gegen die Schluchtwände klatschen würde. Das vorausgesetzt, konnte nicht das geringste passieren. Kletterseile reißen nicht, das ist eine einfache technische Größe und für jeden, der klettert, Alltag.

Du würdest das Seilende in deinen Gurt binden und über das Geländer steigen. Gegenüber die andere Brücke und das andere Ende des Seils, unter deinen Zehenspitzen hundert oder zweihundert Meter Luft. Es mußte großartig sein. Unvergleichlich. Grausam. Unumgänglich.

Immer, wenn wir darüber sprachen, bekamen wir schweißnasse Finger, genau wie beim Klettern, wenn man Angst hat. Wenn allein die Theorie des Brückenspringens uns so nasse

Finger bescherte wie die Praxis des Kletterns, wie würde das erst sein, wenn man den Brückensprung in die Praxis umsetzte?

Wenn man nach dem Sprung unter der Brücke hing, würde man mit seinen Jümar-Steigklemmen auch wieder am Seil heraufkommen. Aber würde es möglich sein, sich tatsächlich zum Abflug zu überwinden? Konnte man so cool sein? Einfach ins Leere springen? Meistens kreisten unsere Gespräche um diesen Punkt: würde, konnte man *das* schaffen? Ob man sich in die Hosen machen würde? Sollte man eine Windel drunterziehen?

Die Brücken lagen auf der Strecke in die Klettergebiete Südfrankreichs, daher kannten wir sie ebenso wie viele unserer Freunde. Aber nur Helmut, Ingo und ich waren bereit, allein für diese Aktion bis nach Genf zu fahren. Helmut kam per Anhalter aus Saarbrücken, Ingo mit seiner Ente von Braunschweig, und wir trafen uns zur Weiterfahrt in meiner Zivildienstbude in Freiburg. Bei Ingos Motor röhrte etwas am Krümmer, und der Innenraum war nur durch ein dünnes Blech vom Motor getrennt. Aber er hatte sich zu seinem Recorder einen Booster besorgt, da hörte man nichts mehr vom Krümmer. Für meine Ente hatte mir Ingo vor ein paar Monaten für fünfzig Mark einen Motor verkauft. Ich war mit dem Zug nach Braunschweig gefahren, hatte den Motor in ein Bettlaken gewickelt und im Abteil mitgenommen. Der Zweizylindermotor wog nur knapp fünfzig Kilo, das konnte man beim Umsteigen gerade noch alleine tragen. Am Freiburger Bahnhof steckte ich ihn in ein Schließfach und holte ihn mit einem Einkaufswagen ab. Unterwegs fiel er mir aus einem Meter Höhe aufs Pflaster, aber wir bauten ihn ein, die erste Autoreparatur meines Lebens. Mein Auto fuhr schneller als vorher.

Wir erreichten die Brücken an einem sonnigen Septembernachmittag, und es sprangen gerade ein paar Franzosen. An der alten Hängebrücke, die für den Verkehr gesperrt war, kletterte einer mit Gurt und Seil über die Brüstung und hinab in die

Verstrebungen an der Unterseite, baumelte eine Weile frei an seinen Händen und ließ los. Die Überwindung, sich an den Händen hängend loszulassen, mußte noch viel größer sein. Die Sturzhöhe betrug allerdings nur knappe zwanzig Meter. Sie hatten das Seil an der alten Brücke befestigt und sprangen ein Stück nebendran ab.

Wir bauten unverdrossen für den großen Sprung auf, und nach einer knappen Stunde waren wir soweit. Vom Mittelpunkt der alten Hängebrücke hingen zwei Seilstränge hinüber zur neuen Brücke. Eines war das Sturzseil, das andere, ein paar Meter länger, diente als Sicherheitsreserve. Da unsere Fünfundvierzig-Meter-Stricke nicht ganz reichten, hatten wir jeweils noch ein zweites Seil anknoten müssen und die Gelegenheit genutzt, ein paar Meter mehr als unbedingt nötig dazuzugeben. Die Enden hingen, zum Einhängen bereit, am Geländer der neuen Brücke. Daneben hing eine dünne, billige Drei-Millimeter-Reepschnur. Falls der Springer sich nicht traute, wollten wir ihn an der Reepschnur ein Stückchen in den Abgrund hinablassen und abschneiden, gewissermaßen als Gnadenstoß. Wir losten um die Reihenfolge, und ich gewann.

Ich zog Brust- und Hüftgurt an und verband sie fünf- und sechsfach mit Schlauchband. Ich klinkte mir die Jümars, Karabiner und weitere Schlingen an den Gurt und ging hinüber. Gleich würde es passieren. Helmut ging mit und schlug mir fortwährend euphorisch auf die Schultern. Ingo stand bei den Knoten der Befestigung. Wir hatten unsere Seile um sechs oder sieben armdicke Tragseile der Hängebrücke geschlungen, kein Zweifel, das würde halten. Ich klinkte die Seilenden in meine Gurtaufhängung und schraubte die Karabiner zu. Der Schluchtboden lag bereits im Schatten, während die Strahlen der Nachmittagssonne waagrecht durch den Raum zwischen Brükke und Boden fielen und vor dunklem Hintergrund alles hell illuminierten, was sich dort in der Luft befand. Das waren vor allem die Seile, die beinahe wie Neonschnüre leuchteten, ein paar Schwalben und ein paar Mücken. Und gleich ich.

Ich beschloß, auf die gekappte Reepschnur zu verzichten und stieg mit zitternden Händen über das Geländer. Hinter mir floß der Verkehr ungebremst weiter. Eigentlich mußten die Autofahrer mich für einen Selbstmörder halten, denn sie konnten die Seile nicht sehen, fuhren aber weiter, Gott sei Dank. Die Seile zogen mit Macht an mir nach vorn, nach unten. Drüben stand Ingo und gab mir mit dem Daumen das »OK«. Mit dem Rücken zum Geländer stellte ich die Füße auf dem wenige Zentimeter schmalen Sims im Winkel von Hundertachtzig Grad nach außen und hielt mich mit ausgebreiteten Armen rückwärts am Geländer fest. Jetzt. Worauf wir gewartet hatten. Der Schritt ins Leere. Angst wie ein Ziehen im ganzen Körper, ein schmerzhafter, minutenlanger Stromschlag. Der Schritt ins Leere. Jetzt.

Mein Puls schlug von innen gegen den Hals wie ein Überschall-Preßlufthammer. Als ob das Herz in den Hals statt in die Hose gerutscht wäre. Immerhin, es war harmlos, sterben würde ich nicht. Nicht mal blaue Flecke würde ich bekommen, es *war* harmlos. Ich schaute wieder zu Ingo, der mir wieder das »OK« gab. Jetzt.

Nein, gleich. Ich wischte erst die eine, dann die andere schweißnasse Hand vorsichtig an den Jeans ab und stellte mich wieder in Position. Jetzt.

Ich machte mit dem rechten Fuß den Schritt nach vorn und faßte im Fallen mit beiden Händen ans Seil. Ich flog Richtung Boden, und der Schritt ins Leere, der soviel Überwindung gekostet hatte, war nichts, nichts, gar nichts gegen diese Explosion von Beschleunigung und die lähmende Ohnmacht eines freien, freien, freien Falls. Es zieht dich so rasend schnell nach unten, daß du es nicht fassen kannst. Der Fahrstuhl der Erdanziehung knallt mit dir ins Bodenlose, die Trägheit zupft dir die Eingeweide im Leib nach oben. Vermutlich hast du einen kurzen, kleinen Herzstillstand. Links und rechts siehst du ein paar Konturen vorbeifliegen, während die Augen vom Fahrtwind tränen wie beim Skifahren oder auf dem Fahrrad.

Und längst hast du angefangen zu schreien, hörst dich selbst, bist erstaunter Zeuge eines Lautes, wie du ihn noch nie von dir gehört hast. Und wenn du nicht die ganze Zeit gewußt hättest, daß du nicht stirbst, hättest du auch gar nicht schreien können, tief aus jener Ecke im Unterleib, wo es vorher so gekitzelt hat, irgendwo zwischen Nieren und Bauchnabel, wo es meistens kitzelt, wenn man wirklich Lust hat.

Im Moment des Abflugs zog mich das Gewicht der Seile stark nach vorn. Daher konnte ich recht lange nach unten fallen, bis ich in den knapp sechzig Meter langen Radius des gespannten Seils kam, anstatt wie ein Uhrpendel am Seilende durchzuschwingen, so wie wir uns das eigentlich gedacht hatten. Wie in Zeitlupe begann das Seil sich unter meinem Gewicht zu dehnen, zu bremsen, überraschend weich kam der Schlag, der mich endgültig fing. Ein paar mal schwang ich wie an einer Riesenschaukel sechzig Meter unter der Hängebrücke hin und her, bis ich schließlich still hing, befriedigt, gesättigt im Vollrausch der besten Hormone, die es gibt. Vom Rücken kribbelte das Glücksgefühl über meinen Nacken hoch bis in die Haare. *This was fun!*

Helmut sprang als nächster, und diesmal stand ich an der Befestigung und mußte das »OK« geben. Als mein bester Freund über das Geländer stieg und ich das Zeichen gab, war mein Puls genauso hoch wie vor meinem eigenen Sprung. Beim Bungeespringen darfst du zahlen und genießen, aber das Geld verändert den Charakter der Aktion, degradiert sie zum Konsumerlebnis. Die Verantwortung entfällt, und damit jedes Abenteuer.

Auch Helmut schrie sich die Seele aus dem Leib. Besser gesagt, er schrie sich die Seele ganz tief ins Herz hinein. Und auch Ingo sprang und schrie, und wir freuten uns mit ihm. Dann sprang einer der Franzosen an unseren Seilen, ein Gefallen, den wir ihm gerne taten. Es hätte ein Beitrag zur Kostendämpfung im Gesundheitswesen werden können: Urschreitherapie in drei Sekunden.

Die Springerei bei Annecy wurde verboten, und schließlich wurde sogar der Zugang zur alten Brücke mit hohen Zäunen versperrt. Das Land für Springer ist nun Spanien, wo man solche Dinge traditionell großzügig handhabt. Auf der Fiesta de San Fermín in Pamplona kann man, um nur ein Beispiel zu nennen, über einen Holzzaun hüpfen und vor einer Herde herantrampelnder Kampfstiere herlaufen. Wenn du stolperst und die Viecher dich erwischen, stehst du vielleicht morgen in der Zeitung. Es zwingt dich keiner, aber wenn du Lust hast, kannst du es in aller Öffentlichkeit tun, warum denn auch nicht?! Beim Brückenspringen ist es in Spanien das gleiche: Es ist dein Leben, also ist es dein Bier.

Das Klettergebiet von Montanejos in der Nähe von Valencia ist so ein Platz. Hier gibt es zwar nur eine Brücke, und die ist nicht einmal sehr hoch. Aber es genügt. Man spannt das Seil quer unter der Brücke durch und springt folglich nur so tief, wie die Brücke breit ist. Ein kleiner Sprung für dich, ein großer Sprung auf deinem EKG. Zwölf Jahre nach meinem ersten Sprung bei Annecy stelle ich mich aufs Geländer, um die Sturzhöhe ein bißchen zu vergrößern. Zwei Leute halten mich an den Händen. Ich springe ab.

Gestern war Sylvester. Ich bin immer noch so dicht, daß es mir vor einer Stunde schwergefallen wäre, überhaupt gerade über die Straße zu kommen. Eine Viertelsekunde lang meine ich, wie eine Zeichentrickfigur in der Luft zu stehen. Erst in diesem Bruchteil eines Augenblicks wird meinem benebelten Kopf klar, was ich hier überhaupt tue. Geradezu empört beginne ich zu schreien wie ein Wahnsinniger: einer flog aus dem Kuckucksnest.

Wieder knallt der Fahrstuhl der Erdanziehung mit mir nach unten, wenn auch nur zehn Meter, Wiedersehen mit einem alten Freund. Dann schlage ich ins Seil und pfeife mit zunächst gleichbleibender Geschwindigkeit unter der Brücke durch und pendle, langsamer werdend, hin und her. Wundervoll. Immer wieder wundervoll.

Fast alle, die sich hier zum traditionellen »Neujahrsspringen« versammelt haben, hüpfen der Reihe nach hinunter, insgesamt mehr als zwanzig Leute. Einer kopfüber, an den Füßen eine verwegene Konstruktion aus Isoliermatte und Expreßschlingen. »Das ist noch viel schlimmer!« strahlt er hinterher. »Das bringt's!« Zwei Menschen, die du vielleicht noch nie gesehen hast, stehen an der Sicherung. Sie geben das »OK«, und du vertraust ihnen und springst. Ein bißchen Quintessenz des Kletterns: Action machen, Leute treffen und sich gut mit ihnen verstehen. Dies ist nicht zuletzt ein Gruppen-, ein Gemeinschaftserlebnis. Unten am Fluß holt eine spanische Familie die Klappstühle aus dem Auto und schaut zufrieden zu.

Drei hartgesottene Holländerinnen harren barfuß im kalten Wind aus, bis sie an der Reihe sind. In ein paar Tagen werden sie mitleidlos die Franzosen unter den Tisch saufen und am Morgen putzmunter auf der Matte stehen, während sich die Jungs mit den Rastalocken noch stöhnend in den Lagern wälzen. Timm, der Pfälzer, auch er mit zwei Rastalocken, überlegt, ob er sich vorm Sprung seine ausgelatschten Segelschuhe zubinden soll. Als ich gestern in der Disco aus einem Riesenberg Klamotten meinen Pullover hervorzog, lag auch Timms gelbe Cordjacke dazwischen. Er steckte noch drin und sagte nichts mehr. Ohne mit der Wimper zu zucken oder überhaupt nur vorher tief durchzuatmen läßt er sich fallen. Dabei röchelt er, als wollte er sich in der Flugphase noch rasch übergeben. Ingrid vertraut uns ihren Kinderwagen an und springt auch.

Timo stößt den mit Abstand besten Schrei aus, filmreif, ungeheuerlich. So etwa »Der Bösewicht stürzt in den Tod und alles wird gut und gleich ist auch der Film vorbei«. Schaurig hallt das Echo durch die Schlucht, und einer meint: »Der simuliert nicht! Das war jetzt echt. Das kam von innen.«

Am Schluß springe ich ein zweites Mal. Pünktlich mit der Schwerkraft schießt wieder dieses Kitzeln in den Bauch, eine Mischung oder vielleicht eher die Summe aus Sex, Alkohol und Motorradfahren plus einem wirklich guten Essen. Das Glück, der Irrwitz, der Unsinn, mit einem Wort: das Privileg, ein Kletterer zu sein, in drei Sekunden. Eine paar Freudenschreie später lassen sie mich ab auf den Boden. Mein dicker Schädel beginnt schmerzhaft zu klopfen, aber zu spät.

*This was fun.*

Wenn ich zu Hause eine eigene Brücke hätte, ich würde den halben Tag springen.

# Eisklettern
# im Licht der Wissenschaft!

### Eine Fiktion

*»Vom Feeling her hab' ich ein gutes Gefühl.«*
Andi Möller, Fußballer

Im Winter tragen die Frauen statt Miniröcken dicke Mäntel und setzen die Männeraugen auf Diät. Dieser immerhin mehrmonatige Entzug (sic!) eines konkret zu umbalzenden Objekts der Begierde läßt die Männer höchst unterschiedlich reagieren. Die Männchen von *homo consumis totally fucking bored* beispielsweise verfallen in eine Art Winterstarre und vergrößern ihre geistigen Schwimmreifen mit dem Dreißig-Gänge-Menü aus ihrer Satellitenschüssel. *Homo musculus verticalis* (umgangssprachlich *Sportkletterer*) verläßt im Winter ebenfalls nur ungern beheizte und geschlossene Räume, verausgabt sich jedoch beim Krafttraining, um für die nächste Muskel-T-Shirt-Saison die Schulterblätter noch etwas mehr zu verbreitern. Breite Schultern und keulenförmige Unterarme besitzen bei dieser eigenartigen, doch durchaus liebenswerten Spezies die gleiche Funktion und Bedeutung wie die prächtigen Geweihe beim männlichen Rotwild. Bei klar erkennbarem optischen Übergewicht steht im Sommer am Fels augenblick-lich fest, wer der Platzhirsch ist, so daß auf das Klettern sinnvollerweise verzichtet werden kann. Klettern nämlich birgt ein gewisses Verletzungsrisiko, welches zu dem berüchtigten *Trainingsrückstand* und damit zu schmaleren Schultern führen kann. Durch konsequent trainingsgestützte autosuggestive Mutation konnten die Frankenjurakletterer ihre Schulterbreite auf den durchschnittlichen Gesamtkörperfaktor Breite = Höhe – 10 cm steigern.

Doch noch weitaus putziger ist das winterliche Treiben der Männchen von *homo horribilis verticalis* (gewöhnlicher *Eiskletterer*). Auf einsamen Lichtungen vollführen sie – erstaunlicherweise meist sogar in Abwesenheit jeglicher Weibchen! – ein höchst sonderbares Ritual. Mit »Eisgeräten«, Helmen und »Steigeisen« als eine Art Hirschkäfer verkleidet, krabbeln sie senkrechte gefrorene Wasserfälle hinauf. Trotz regelmäßig schmerzender Fingerknöchel und der naturgemäß bei diesen Ritualen herrschenden niedrigen Temperaturen ist *horribilis verticalis* stets äußerst enthusiastisch bei der Sache und schwärmt mit blutenden Lippen von dem »wundervollen Eis heute« oder mit derselben Begeisterung von dem »obermorschen Scheißeis zwanzig Meter über der Eiszapfensanduhr – einfach super!« Genauere Verhaltens- oder Motivationskriterien dieser verirrten Seelen liegen noch vollkommen im dunkeln.

Die Eiskletterer verfügen über ein eigenes primtives Kommunikationssystem von einigen Dutzend Lauten und Körperbewegungen. Armkreisen am Einstieg bedeutet soviel wie »Ich wärme mich jetzt auf«, anhaltendes Bücken signalisiert »Ich binde mir die Schuhe zu«. Ein abwärts stürzender Körper hingegen fordert den Artgenossen auf, das Seil zu blockieren.

Die possierlichen kleinen Säugetiere von *horriblis verticalis* treten meist in deutlich kleineren Rudeln auf als ihre Verwandten von *musculus*. Hierbei handelt es sich offenkundig um eine sinnvolle Vorkehrung der Evolution, denn bei ähnlich dichtem Gedränge wie etwa an den Einstiegen im Frankenjura könnten sich die Männchen mit ihren scharfen Eisgeräten leicht gefährliche Verletzungen zufügen. Ebenso wie die individuelle Motivation liegen auch Sinn und soziale Funktion des Eiskletterns noch völlig im dunkeln. Möglicherweise jedoch handelt es sich hierbei um eine besonders hochentwickelte Form des Balzverhaltens, bei der auf späteren Gewinn von Frauenherzen durch möglichst eindrucksvolles Foto- und Narbenmaterial gesetzt wird. In jedem Falle wird noch einiges an Forschungsarbeit zu leisten sein, um etwas Licht in die wirren Geheimnisse dieser menschlichen Gattung zu bringen.

Werfen wir zum Abschluß noch einen Blick in die Vergangenheit. Die ersten Vorläufer des Eiskletterns, wie wir es heute kennen, praktizierten unsere dänischen Nachbarn bereits im achten Jahrhundert nach Christus, als sie zur Winterzeit gefrorene Maisberge aus Ernteüberschüssen bestiegen. Diese Urform, das sogenannte »Maisklettern«, gilt heute als ausgestorben.

Um das Jahr 1000 entdeckten die Wikinger Live Eriksson, Sabine Christiansen und Patrik Andersson über Island und Grönland die Neue Welt. In seinerzeitiger Ermangelung von Maisüberschüssen begannen sie, gefrorene Wasserfälle zu ersteigen, da diese eine starke Ähnlichkeit mit senkrecht stehenden Maiskolben aufwiesen (vor allem von vorn), eine Variante, die bis heute viele begeisterte Anhänger findet. Jahrhunderte später widmeten Deep Purple Live Eriksson ihre Doppel-LP »Live in Japan«. Ein honoriges Vorhaben, gewiß. Doch »Japan« statt »Neue Welt« blieb hier nicht der einzige Übermittlungsfehler. Aus »Maisklettern« machte ein übereifriger Produzent »Eisklettern« – rein faktisch mittlerweile richtig, doch historisch leider falsch. Eriksson sollte sich nie von dem Schock erholen und spielt heute Manndecker beim FC Kaiserslautern. Frau Christiansen zog sich entmutigt von der Seefahrt zurück und ging zu den »Tagesthemen«, während Andersson als Verteidiger bei Borussia Mönchengladbach unterkam. Wenn in diesen Tagen die jungen Eiskletterer wieder ihre Steigeisen schnüren, wissen sie meist nichts mehr von ihren dänischen Vorläufern und der langen Tradition ihrer Sportart. Nur das Wort »Bananenhaue« erinnert uns heute noch daran, daß die Wurzeln des Eiskletterns einst im Ackerbau Südskandinaviens lagen.

# Nachwort

## aus Jack London: »König Alkohol«

Ich verabschiedete mich von Nelson und machte mich auf den Weg. Aber ich hatte sechs Glas Bier getrunken, und König Alkohol ging mit mir. Mein Hirn tönte und sprühte vor Leben. Die Erkenntnis meiner Mannhaftigkeit erhob mich. Ich sollte jetzt als echter Austernräuber an Bord meines eigenen Schiffes gehen, nachdem ich mit Nelson, dem größten aller Austernräuber, in der »Letzten Chance« getrunken hatte. In mein Gehirn eingeprägt war das Bild, wie wir beide über den Schenktisch lehnten und Bier tranken. Und merkwürdig erschien mir dieser Einfall eines erwachsenen und erfahrenen Mannes, dem es Spaß machte, gutes Geld auf Bier für einen Burschen wie mich zu verschwenden, der es nicht einmal mochte. (...)

Ich hatte ihn sechs Glas Bier bezahlen lassen und mich nicht ein einziges Mal revanchiert. Und er war der große Nelson! Ich konnte fühlen, wie ich vor Scham errötete. Ich setzte mich auf einen Pfahl an der Kai und verbarg mein Gesicht in den Händen. Und meine Scham brannte bis in den Nacken, bis in meine Wangen und meine Stirn. Ich bin oft in meinem Leben errötet, aber nie so heftig wie damals. Und wie ich so in meiner Scham auf dem Pfahl saß, dachte ich über vieles nach und schuf Werte um. Ich war ein armes Kind gewesen. Arm hatte ich gelebt. (...)

Ich war mir klar darüber, daß ich im Begriffe stand, einen bedeutungsvollen Entschluß zu fassen. Ich sollte wählen zwischen Geld und Männern, zwischen Geiz und Romantik. Entweder mußte ich alle meine bisherigen Begriffe von Geld über Bord werfen und es als etwas betrachten, was man mit vollen Händen um sich wirft, oder ich mußte auf die Kameradschaft mit diesen Männern verzichten, deren merkwürdige Launen sie starke Getränke lieben ließen. Ich ging daher von der Kai nach der »Letzten Chance« zurück, vor der Nelson noch stand. »Komm, laß uns ein Glas Bier trinken!« lud ich ihn ein. Wieder standen wir am Schanktisch, tranken und schwatzten, aber diesmal war ich es, der die zehn Cent bezahlte! Eine ganze Stunde Arbeit an der Maschine ging drauf für ein Getränk, das ich nicht mochte und das muffig schmeckte. Ich hatte einen Entschluß gefaßt: Geld spielte keine Rolle mehr. Die Kameradschaft war das Wahre. »Noch eins?« fragte ich.

Und wir tranken noch eins, und ich bezahlte. Nelson sagte mit der Weisheit des erfahrenen Trinkers zum Kellner: »Mir ein Kleines, Johnny!«